認知教學

——理論與策略——

李咏吟　著

作者簡介

李詠吟

學歷：政大教育學士

　　　美國威斯康辛大學視聽教育碩士

　　　明尼蘇達大學課程教學系統博士

曾任：國立彰化師範大學輔導學系、所教授

　　　國立臺灣師範大學教育系、所教授

重要著作：《教學原理》、《學習輔導：學習心理學的應用》

作者序

　　一本書的完成令人頗感甘苦參半，甘的部分是無到有的創作構思和實質成品，苦的是成品前的撰寫和整理歷程。本書主題「認知教學」爲筆者近幾年教學相長的產物，從過去數年自己對教學心理學趨勢的注意、新相關資訊的蒐集，以及對臺灣現有教育學程教科書的需求評估，而認爲出版此書應有其價值性。

　　在資訊爆炸的時代，整理學術資料總覺得仍有一些應該納入而卻未包含在本書的文獻，然而出版教科書有其時間考量因素，否則新書的資料不新，會造成缺陷。本書雖然對認知教學的整理分爲理論與策略二部分，但理論部分的章節內容仍以介紹較能轉化爲應用的內容，而策略部分則以教學設計的具體方法和例子爲重心，此乃本書的最大特色。本書並未企圖包含所有的二十世紀後半葉認知教學的相關理論，例如皮亞傑（J. Piaget）的認知發展學習觀、布魯納（J. Bruner）的認知教學觀等，因島內已有相當的參考資料而未納入。至於認知教學策略的範疇則相當難以確定，希望本書所介紹的策略有其代表性。

　　促成本書的順利出版應該感謝很多人的參與，師大教研所碩士生張雁婷和李宗憲幫忙電腦參考書目的搜尋和部分章節的打字，心理出版社吳道愉總編輯和張毓如編輯掌握時效的解決圖解資料的智慧財產權和出版作業，受教學生的教材設計作品，以及家人的精神支援，終能出書，是幸。希望本書對於正蓬勃發展中的認知取向之教學設計有拋磚引玉的作用。內容疏漏或不足之處，在所難免，希望讀者不吝指教。

李咏吟

1998.9.1 於台北

目 錄

第一章

緒論──
從行為學派到
認知學派的教
學觀演變

　　教育是立國之本，因此大多數的國家對於學校教育與師資培育的投注均不遺餘力，而擁有一群能夠安排有效教學活動的教師是績優學校的必要條件，由此可見教學任務的重要性。

　　教學是教導者針對受教者所設計的一套傳授教材的特殊型式，其中包含了對教學的目標、內容、程序、方法、資源、學生參與等的統整決定。認知教學則是一個複合的概念，意指一特殊學術領域係以當代認知心理學（cognitive psychology）爲基礎的教學研究內涵，主題如學習者之間的心智差異爲何？個體學習材料時的內在認知處理歷程爲何？又何者是最佳的認知教學方法或策略？教導者和受教者的認知風格（cognitive styles）如何適配等等，不一而足。認知教學已被公認是自一九五〇年代迄今，心理學應用於教育受重視的新興研究領域。

　　研究「如何教」一直存有對立的觀點，一派認爲教學本身是一種藝術，有些善於教學的老師似乎渾然天成，沒有經過特殊的專業訓練，教學方法的多樣性就如同「人心之不同，各如其面」，很難找出統整性的法則。然而，自二十世紀以來，根據應用心理學的教育理論與特殊策略學派不斷形成，影響所及，出現了另一派的主張，即「學了心理學不能保證成爲優良教師，但要想做優良教師，就不能不學心理學」（張春興，民76）。

第一節
歷史發展的回顧

當代教學心理學的研究以學習心理學爲依據。心理學採用科學的方法研究學習，其應用理論始於十九世紀後半葉的行爲學派（behaviorism），代表學者如巴夫洛夫（I. P. Pavlov, 1849-1936）、華生（J. B. Watson, 1878-1958）、桑代克（Z. L. Thorndike, 1874-1949）和司金納（S. B. Skinner, 1904-1990）等。行爲心理學派崛起於反對當時採用內省法研究知覺經驗的結構主義（structuralism）和功能主義（functionalism），而以研究外在可觀察的行爲之刺激（stimulus）因素、反應（response）因素以及刺激—反應的聯結機制爲重心。早期行爲學派裏已注意刺激和反應中介變項的學者爲托爾門（Tolman, 1886-1959），他認爲在古典制約和工具制約中，動物（包括人）學到了各種知識，他稱之爲認知（cognitions），動物在習得行爲之外，亦新學到了一種內在的表徵（representations），它是一種理解事物與事物之間關係的認知，是故，托爾門假設動物學習的真正原因乃是他們習得了知識（Dickinson, 1987）。

然而在二十世紀初期，認知心理學派亦逐漸開始發展。

大約在一九一〇至一九三〇年之間，完形（Gestalt Psychology）心理學在歐洲成爲一股勢力，隨後皮亞傑（J. Piaget, 1896-1980）的認知發展說，有意義的語文學習（meaningful verbal learning）、布魯納（J. Bruner, 1916-）的認知發展與發現學習、電腦科學的人工智慧（artificial intelligence）、訊息處理理論（information processing approach）等均是認知心理學發展中期的代表理論，而建構主義（constructivism）和多元智慧（multiple intelligence）則爲代表認知心理學後期的理論。對於「認知」一詞，至少有以下四種不同的解釋（Houston, Bee & Rimen, 1983, 引自張春興，民 76，pp. 3-4）：⑴認知指收受訊息及運用訊息的歷程。這是偏於資訊科學或電腦科學的解釋。按此解釋，認知歷程包括輸入、轉換、貯存、檢索、運用等訊息處理的心理活動。⑵認知指符號表徵的歷程。這是偏於心理語言學的解釋。按此解釋，認知歷程包括聲音符號與形象符號的抽象化、意義化、規則化的歷程。⑶認知指思考與問題索解的歷程。這是完形心理學家主張先有領悟始能學習的解釋。按此解釋，認知歷程包括遭遇困難、認識問題、形成假設以及假設驗證等心智活動。⑷認知指心智活動與心理狀態綜合運作的複雜歷程。

　　綜言之，認知心理學以探認人類的知覺、思考（thinking）、記憶、動機、心像、推理、語文運用及解決問題能力等的複雜結構與運作歷程爲主。茲將行爲心理學派和認知心

理學派研究典範的基本差異，以本書所介紹的「框架法」型
式介紹如下（Hamilton & Ghatala, 1994）：

表 1-1　行為的和認知的心理派別研究典範之差異

行　為　學　派	認　知　學　派
• 將行為的分析建立在分子的或元素的微觀單位	• 處理行為的整體的或統合的單位
• 不分析行為目的或意圖；僅含對刺激一反應關係的解釋	• 分析目標和目的性對人類行為的影響
• 焦點置於行為法則的歸納	• 焦點置於描述影響行為的內在心理歷程

第二節
行為／認知派別學習原則的比較

　　學習是心理學基礎研究的範疇之一，也是教學心理學重
要學理依據。事實上，由於教與學概念的高度關聯性，許多
在學習研究的發現似乎可直接推論於教學情境之上。無論是
行為心理學派或認知心理學派在學習研究上的發現，均對後
期的認知教學派典的發展有其貢獻，茲分別將此兩派的主要
學習觀點歸納如下（Bower & Hilgard, 1981；李咏吟，民
76）：

一、行為學派的學習原則

行為學派假定學習的歷程是一種刺激和反應的聯結，在行為形成的過程中注重行為的分析、塑造（shaping）和增強策略的應用。此派所發現的重要學習原則包括：

㈠循序漸進的重要性

行為學派強調按部就班，由部分到全部的學習，是故學習教材均已被學科專家加以工作分析（task analysis），亦即找出教材內容次單位彼此之間水平的和垂直的關係。學習者如欲達到一學習目標，必須先精通低層次的教材內容，然後循序漸進的往高層次的教材內容邁進，所以要會算任何位數的加法時，應先學習數值的位置，個位數加法及其進位，十位數不進位加法，最後才學習十位數進位的二位數加法。學習者如能依照工作分析後的教材內容之學習順序進行，必能達到最理想的學習效果。

㈡背誦和練習

許多基本的讀、寫、算等的能力均需學習者不斷的重複練習而得，透過多量的練習則學習能力變成一種習慣，因此學習者能表現無誤的和迅速的反應。學校課程內容最多的概

念和原則的學習，應從辨認和練習許多例子中去熟悉概念和
原則。如果學習者在學習過程中得到正確的或錯誤的回饋，
則學習效果更佳。

㊂增強原理的使用

當學習者表現訓練者所預期的行為之後，如獲得增強——
—某種令人愉悅的再刺激——是鞏固預期行為的重要安排。
增強原理包括增強物的選擇和增強時制（schedule of reinfor-
cement）的設計，食物、學用品、金錢、口頭誇獎等為不同
類型的增強物；立即增強和間歇增強是代表性的增強時制安
排。行為由簡單的單位逐漸加強至複雜單位的練習過程中，
配合增強的應用，即為行為塑造的工程。增強原理有時亦會
採用負增強物。

㊃處方性的學習技巧指引

學習者主動應用一些具體的讀書技巧（study skills）使能
夠提高學習效果。學習技巧是指學習者為了有效完成學習任
務所採用的讀書方法，重要且外顯的學習技巧包括學習時專
心的狀況、讀書時間的長度、抄寫筆記及做課業練習的表現
等行為，又如集中學習和分散學習的適時採用。Schmeck
（1983）在研究測量學習歷程（learning process）的量表內容
時，以深層思考（deep approach）、讀書方法（methodical

study）、保留事實資料（fact retention）和潤衍（精緻化）歷程（elaborate process）爲其中四因子。似乎讀書方法和保留事實資料等二因子的項目內容較吻合行爲學派的學習策略。依據 Schmeck 的分析，在包含二十三項的讀書方法項目中，五項最重要的行爲包括：⑴我每週有固定的讀書時間；⑵我在學期中固定的複習科目內容；⑶我每天均有讀書時間計畫；⑷我小心的完成作業；⑸我上課時通常有做大綱。在七項保留事實資料的項目中，三項最重要的行爲包括：⑴對事實資料的考試內容，我都考得很好；⑵我特別精於學習公式、名字和日期；⑶對定義定理的考試內容，我都能夠得高分。

二、認知學派的學習原則

此派重視學習者積極的綜合各事物之間的關係，對面臨的事物擁有強烈的動機和責任感，注意學習內容的深層結構或隱義，以及注意運用自己的學習策略和後設認知（metacog-nitive）歷程，以促進綜合事物之間的關係。學習者如何運用認知歷程與其能力有很大的關係，並影響其學業成就，當高能力的學習者與低能力的學習者相比時，前者表示他們較傾向於：⑴注意教材內容；⑵瞭解教材內容；⑶運用許多不同的特殊策略或經常使用認知策略；⑷採用解決問題的步驟或對教材的頓悟（insights）；⑸運用特殊的方法將舊知識與新

知識聯結等認知策略（Paterson, Swing, Braverman & Buss, 1982）。

茲繼續將一些認知的學習策略討論如下：

㈠整體學習的重要性

由於認知的完形（Gestalt）心理學派強調全部不是部分的綜合，故學習時個體應對所學習的教材中部分之間的關係加以瞭解或掌握，則能迅速的完成學習，例如在解答「12243648—」之最後一數字時，學習者不能按部就班的思考，而必須整體的找出數字中排列的兩個原則——（12345……）（246810……）。

㈡內在動機

內在動機來自於對知識本身的求知慾或對學習目標之領悟。此外，學習者對學習歸因（attributes）的看法影響到他的興趣和持續力，假如學習者認為成績表現是由於其努力的結果，則分數才能成為增強物，如果他認為成績表現是由於運氣、教材難度或能力所控制，則較難改進成績表現。

㈢理解的重要性

個體的認知記憶結構中不僅包括對抽象符號資料意義性的整理，亦包括了對事物活動、地點等情節（episode）的保

留，因此，當個體在學習時如能充分利用文字的和影像的訊息處理歷程，以類化和潤衍其所學的，則將得到較佳的學習結果（Linden & Wittrock, 1981）。在另一研究中（Doctorow, Wittrock & Marks, 1978）發現，當學習者在閱讀一篇資料時，如果要求他們做摘要，或教師在每一段落前提供幾行摘要說明，則比讓他們用傳統的方式平鋪直敘的閱讀，有更好的表現。

㈣學習是具策略性的

學習者為理解教材內容，會引動大腦思考不同的認知學習策略，其形之於外又稱為學習技巧，但認知學派較注重個體內在訊息處理運作時的後設認知（策略的選擇、成功運作的監控、調整計畫等）以及基本的訊息處理策略，如：組織、分析、綜合等。

在前述 Schmeck（1983）所研擬的學習歷程量表中，其深層思考和潤衍歷程等二因子似乎吻合了認知的學習策略。依據 Schmeck 的分析，在包含十八項的深層思考項目中，五項重要的訊息處理運作包括：⑴我從回答申論題得到好成績；⑵我從寫報告得到好成績；⑶我通常能指出文章或影片中的隱義；⑷我思考快速；⑸在不知道答案的情況下，我通常能猜對答案。在十四項潤衍歷程的項目中，五項重要的訊息處理運作包括：⑴我在事實之後尋找理由；⑵新的概念常使我

想到相似的其他概念；(3)讀書時，我對自己腦中出現的問題
找答案；(4)我通常能夠設計解決問題的程序；(5)在讀完一段
教材後，我坐著並思考所讀的。

以上所指出的僅為一些行為的和認知的重要學習研究發
現，而無法涵蓋所有這兩派的學習法則，此方面的相關資料
可在普通心理學和學習心理學的專書中進一步探討。

第三節───────────
認知教學的基本原理

教學研究屬應用性的學習心理學。相對於學習心理學是
以描述事實或現象為主，教學心理學的研究是以找出處方性
（prescriptive）的教學設計為主，使教師的教和學生的學均
能達到最高的效果。認知教學的研究架構是以雙軌的型式出
現，一方面深入研究教師的認知風格、學科內容、教學策略
等，另一方面研究學生的學習特質、認知策略、內在知性基
礎等，然後統整此二領域的關係，試圖找出可應用於任何學
科的一般性教學策略，以及特殊學科的教學策略。

茲以圖 1-2 說明之（鄭昭明，民 77）：

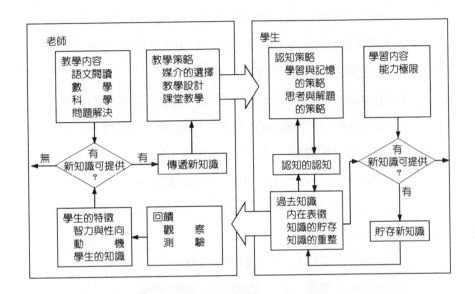

圖 1-1　認知教學研究的內容架構

Resnick（1989）曾對認知心理學的教學觀做了相當簡明扼要的統整，茲將他所提出的大原則條列如下（引自邱上真，民82）：

1. 教學是一種介入學生的知識建構歷程。

2. 教學必須：(1)提供訊息，讓學生有建構知識的素材；(2)要激勵學生有意願主動去建構知識；(3)要指導學生如何去建構知識。

3. 教學必須先引出學生的先前知識（prior knowledge）。

4. 教學時必須透過師生對談、討論及類比的方式，將抽

象概念具體化，並將老師的內在思維外在化。

5. 教學時應注意認知與動機、情緒以及個人社會文化背景之間彼此的互動關係。

6. 當知識無法直接經驗時，讓教科書成為有效的教學工具，而教科書的編輯者應慎重考慮需要放進那些訊息，以及如何組織與呈現這些訊息。

7. 教學時應重視學習原理原則的遷移與類化。

8. 重視以歷程（process）或認知成分（cognitive components）為導向的評量。

9. 重視學習策略與認知層次的評量。

10. 重視錯誤類型分析，以便進行補救教學。

根據人類認知訊息處理歷程的特質，教導者亦必須把握很多微觀的（micro）教學策略，才有助於學習者有效的理解和內在處理所學的教材，Palincsar 和 Brown（1984）即指出為幫助學習者建立高聯結關係的知識結構（well-connected knowledge structure），應要求學習者積極參與以下的活動：

1. 廣泛閱讀多樣的教材。

2. 解釋新教材給別人聽。

3. 寫出包括問題／答案的問題。

4. 發展知識圖。

5. 寫每日的讀書摘要。

6. 應用想法至新情境。

7.指出新例子。

8.比較新舊教材。

9.準備考試。

第四節
全書的導覽

認知教學研究是一持續發展中的學術領域，由於其範圍相當廣泛，爲統整起見，本書將內容分爲教學理論和教學策略兩大部分。在理論部分僅選擇一九五〇年代後期較突顯的理論，而未包含完形心理學、皮亞傑和布魯納等認知教學的論說，尤其是後二者國內的文獻已相當多見。本書在破題時先簡要介紹教學心理學發展的歷史淵源後，依理論出現的順序將第一部分的章節順序安排如下：

1.訊息處理理論的教學策略。

2.維高斯基（Vygotsky）的教學主張。

3.建構主義的教學觀。

4.多元智慧與教學。

本書的教學策略部分主要是 West、Farmer 和 Wolff（1991）的認知取向之教學設計架構，再融入自己所假設的一種理想建構，而包含了學習策略的教導、前導組體設計、

影像法、框架法和概念構圖法、隱喻／類比法、問題解決教學法、學習單設計及合作學習教學法，而本書並未企圖介紹所有的認知教學策略。基於不同認知教學策略的發展有其所欲達到的特殊教學功能，茲以表 1-2 建構不同認知策略與教學功能的關係，並特別標示出兩者關係強度呈較高度的相關者：

表1-2　教學的策略、功能、強度的三角關係

關係 重建 教學功能 ＼ 教學策略	學習策略教導	前導組體	影像法	框架／概念構圖法	隱喻／類比法	問題解決法	學習單	合作學習
加強教材學習前的準備	高	高		高				
加強教材的吸引力			高		高		高	高
加強教材的整體性				高		高		
加強教材的組織性	高			高			高	
加強學習的深度		高				高		高
加強想像力			高		高			

　　其實，本書在認知教學理論部分也以應用性的學理為重心，並如同教學策略部分，充分提供多樣的例子，以便使教師參照模仿，因而能成為真正的教學設計者，而不是純粹的學理認識者，此乃本書最大的特色所在。

參考文獻

李咏吟（民76），認知／行為的學習策略對國中生學業成績的影響。國立臺灣教育學院輔導學報，第10期，頁299-321。

邱上真（民82），認知學派的學習理論。學習輔導—學習心理學的應用。台北：心理。

張春興（民76），知之歷程與教之歷程：認知心理學的發展及其在教育上的應用。認知與學習研討會專集（第二次），頁3-34，行政院國家科學委員會。

鄭昭明（民77），認知與教學。臺灣區省立師範學院七十六學年度兒童發展與輔導學術研討會論文彙編，頁126-174。臺南市：省立臺南師範學院。

Bower, G. H., & Hilgard E. R. (1981). *Theories of learning*. Englewood Cliffs, N. J. : Prentice-Hall.

Dickinson, A. (1985). Actions and habits: the development of behavioral autonomy. *Philisophical Transactions of the Royal Society of London*, B308, 67-78.

Halmilton, R., & Ghatala, E. (1994). *Learning and instruction*. New York：McGraw-Hill.

Houston, J. P., Bee, H., & Rimen, D.C. (1983). *Invitation to psy-*

chology, (2nd ed.). New York: Academic Press.

Linden, M., & Wittrock, M. C. (1981). The teaching of reading comprehensions according to the model of generative learning. *Reading Research Quarterly*, 17, 44～57.

Palincsar, A. M., & Brown, A. L. (1984). Reciprocal teaching of comprehension-fostering and comprehension-monitoring activities. *Cognition and Instruction, 2*, 117-175.

Peterson, P. L., Swing, S. R., Braverman, M. T., & Buss, R. (1982). Students aptitudes and their reports of cognitive processes during direct instruction. *Journal of Educational Psychology*, 74, 535～577.

Resnick, L.B. (1989). Instruction. In L.B. Resnick (ed.) Knowing, Learning and instruction. Hillsdale, NJ : Lawrence Zrlbaum Associates.

Rosenshine, B. (1995). Advances in research on instruction. *The Journal of Educational Research*, 88 (5), 262～268.

West, C.K., Farmer, J.A., & Wolff, P.M. (1991). *Instructional design : Implication from cognitive science.* Englewood Cliffs, New Jersey : Prentice Hall.

Wittrock, M. C. (1985). Teaching learners generative strategies for enhensing reading comprehension. *Teaching into Practice*, 24, 123～126.

第二章

維高斯基的認知學說與教學應用

　　維高斯基（Lev S. Vygotsky, 1896-1934）是俄國的心理學家，雖英年早逝，但他的著作約在其死後三十年被翻譯成英文以來，立即受到心理學界相當的重視，並認為是代表二十世紀後半葉認知發展理論的傑出學者，與瑞士認知心理學家皮亞傑（Jean Piaget）並駕齊驅。維高斯基對人類思考、語言、心理工具論、認知發展階段等均提出了獨特的見解。同時，他所提出的潛在發展區域（zone of proximal development）、鷹架（scaffolding）和交互教學（reciprocal teaching）的應用心理學觀點受到了教育界高度的認同。在當今認知主義（cognitivism）的強勢時期，維高斯基的學說主張似乎愈來愈彰顯。

第一節
維高斯基的認知心理學說要點

　　直到維高斯基的著作「思考和語言（Thought and Language）」於一九六二年被翻譯成英語版後，其心理學和教育的主張才受到英語系國家的重視。維氏的理論主要建立在其醫學、語言學和馬克斯（K. Marx）思想的反芻上，尤其受到後者的影響而主張：個體思想的型式（thinking patterns）或心智技能（intellectual skills）並不是天生如此的，而是透過

個體成長時所處的社會機構文化中的經驗所塑造。社會文化中的符號（以文字為代表）和抽象表徵（symbols）是社會行為和個人思考的來源。

　　維高斯基認為人類因為開發工具和創造文字使得認知發展型態超越了其他的動物，尤其是人類對符號系統如文字、數學系統、音符、電腦語言等的創造和應用，不僅導致行為和心理的轉型，亦促進了複雜心理歷程的發展（Gredler, 1992）。

　　就如同人類應用工具以對應外在的環境一樣，人類亦應用心理的工具（psychological tools）作為媒介以提昇心智功能，諸如符號（signs）、表徵（symbols）或符號—表徵系統（如手勢、語言、數學符號系統）和人類所採用的記憶術等均屬人類心理的工具，使人類高階的心理歷程發展不受低層生物心理功能（lower natural mental functions）的限制，諸如簡單知覺、刺激—反應聯結，非自主性注意等均屬低層心智功能，並透過文化環境的事物和與一些已具有高階文化的、心理的功能（higher cultural psychological functions）的互動，而發展如語言、解決問題、計算與高層心智功能。

　　語言在人類所發展的符號系統中占有重要地位，兒童透過語言指稱事物，與他人溝通，建構不同語意，以及自我控制。人類透過語言、文字等符號系統的操弄，使簡單的記憶變得邏輯化和系統化。維高斯基認為語言發展有階段性，第

一時期為「心智的前階段」，發出有意義的聲音和表達情緒的簡單字辭。第二時期為「缺乏經驗或判斷力的心理性階段」，大約兩歲左右。學習與物體相聯結的語言，語言漸納入實際的心智能力中，但此時兒童所表達的並不一定符合語言的真義。第三時期為「外在符號主宰的階段」，兒童開始運用外在符號系統以幫助內在問題的解決，然他們僅能夠運用自我中心式的語言。第四時期為「內化階段」，兒童將自我中心式的語言變成內在的語言，兒童能心算，運用邏輯性記憶及操弄內在符號，是後設思考的基礎（Vygotsky, 1934/1962）。

潛在發展區域（zone of proximal development）無疑是維高斯基認知發展理論中最重要的概念。維氏對此概念的解釋為「個體獨立解釋問題的實際發展層次，與他如果透過成人的輔助或與更有經驗者互動之下的潛在發展層次，兩者之間的距離」（Vygotsky, 1978）。

換言之，一個小孩的認知發展潛能，如果只靠自己努力，只能有限的發展，但如果得到較有知識者像同儕、家教或老師的指導，則能達到超越性的發展。如圖：

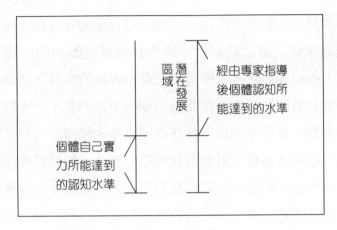

圖2-1 潛在發展區域圖示

　　維氏並指出，一個小孩現在和他人一起時所能做到的，將成為未來小孩可獨立做到的，因此，潛在發展區域與成人如何實施教育兩者之間的關係密切。

第二節
維高斯基的教學原理

　　根據維高斯基在發展區域的概念、對父母—子女間與教師—學生間教學活動的觀察，以及後期相關的實徵性研究，維氏的教學策略應以：(1)鷹架（scaffolding），(2)交互教學（reciprocal teaching），以及(3)合作學習等為主。

一、鷹架（scaffolding）

　　在維高斯基的教學主張中，最常被提及的可能是鷹架概念，其實維氏本人並沒有直接用過這個名詞，而是由布魯納（Bruner, 1978）、伍德等人（Wood, Bruner & Ross, 1976）提出的。鷹架意指兒童內在的心理能力之成長有賴成人的協助，而這種協助應該建立在學習者當時的認知組織特質上。當兒童停留在某一認知層次時，如果成人能有系統的引導或給予關鍵性的指點，則兒童較易超越原來的認知層次。在搭鷹架的過程中，成人掌握學習事件的某些成分是兒童能力所不及的，經由成人的引導，兒童可能採用自己並不十分瞭解的策略，例如一個母親在教她的四歲小孩拼圖時，告訴小孩把所有藍色的片子找出來，然後指出「這些是海洋的片子」。接著母親可能要小孩「找出那些看起來有船的片子」。在某種狀況下，母親也許接著說：「船的片子還差一塊，你能找出像這個樣子的片子嗎？」在過程中有時候小孩並不知道某些動作和目標的關係，但經由大人所提供的結構性使他能參與有組織的活動，並經由大人—小孩的互動，而逐漸明瞭較有經驗者的語言和他自己的動作。

　　Wertsch（1985）曾對父母子女共同完成拼圖的互動進行觀察，指出兒童個體認知功能改變的提昇，依賴五個重要因

素：(1)兒童的認知準備度；(2)成人將責任轉移給兒童的意願；
(3)針對特定行為的重要性，成人運用「內省式評鑑」提供兒
童回饋；(4)成人指導的明確度；(5)成人與兒童對作業的接合
性定義（引自吳幸宜譯，民83）。

Wood、Bruner,和Ross（1976）臚列了六種鷹架功能，供
大人協助小孩學習時參考：

1. 引發參與（Recruitment）。在學習活動開始時，成人
   必須引發小孩參與的興趣並願意持續學習。

2. 減輕學習的負擔（Reduction in degree of freedom）。
   成人將教材簡化成次單位，如此小孩能專注於他可做
   的事物，其他不能做的由成人加以幫忙。

3. 活動方向的管理（Direction Maintenance）。成人引導
   小孩針對目標行事而不分心於其他事物上，並能從事
   已知事物外的探索。

4. 指出關鍵特徵（Marking critical feature）。成人採取不
   同的方式聚焦事物的特徵。

5. 挫折的控制（Frustration control）。成人幫助小孩渡過
   錯誤的尷尬，有時滿足他們的討好。

6. 示範（Demonstration）。成人設法在示範上模擬小孩
   的行動，如此才能使小孩易於模仿。

以下是一位老師在語文介紹一本新書「霸王蘿蔔」的鷹
架對話（Clay & Cazden, 1990）：

教師	學生
（設成主題、情節和角色） 　讓我們談談這本叫「霸王蘿蔔」的書，究竟發生了什麼故事，有一個老人他……（提示結構性的活動） 　他做了什麼？	他叫蘿蔔長大。
（接受小孩的介入） 　很好，他叫蘿蔔長大。說得不錯。	
（提示結構性活動） 　然後老人又做了什麼？	把它拔出來。
拔出來，老人能拔蘿蔔出來嗎？	（搖頭）
不能，他找誰幫忙？	
不能，他又找誰幫忙？	（沒有人回答）
（引導新知識） 　他們找孫女幫忙，對不對？	
（提示結構性活動） 　他們全體都在拉嗎？拔出來了沒有？	沒有。

二、交互教學

　　由於維高斯基教育的功能在於透過特殊的社會語言以提昇心智發展，因此，在學校情境中出現師生間和學生間的對話變得相當重要，交互教學即是根據維氏的觀點所發展出來的社會教學模式（socioinstructional approach），其目的是協助老師去利用會作學習的對話，以增進學生閱讀理解的自我調整運思。

　　在交互教學的情境中，通常以小團體組成形態，並要求組員運用四種學習策略，包括預測（predicting）、發問（questioning）、概述（summarizing）和澄清（clarifying）等做為小組互動的方法。學習時以教材的某一段落為一次學習內容。小組開始學習時由被指派的小組長帶領小組討論。在小組員每人參與閱讀部分段落內容後，由小組長概述段落內容，然後提出問題，在小組討論問題時小組長適時提出澄清，最後，由小組長預測未來的學習方向，小組成員輪流扮演小組長的角色。也可像合作學習的小組成員任務指派一樣，由小組中不同成員擔任應用不同學習策略的任務。教師常在開始採用交互教學法時示範這些不同的角色，或者在加入小組時扮演此種角色。透過這種增進學習者相互間發展、對話、教導和鷹架的歷程，促進了學習者對所學內容的確實理解和

後設認知運用（Palincsar & Brown, 1984, 1988）。以下為一個教師應用交互教學的對話歷程（Hamiton & Ghatala, 1994, p. 272）：

小組長唸下面的課文段落：

「尖嘴魚會改變它的顏色和動作以配合環境，例如尖嘴魚生活在綠色植物的環境之中它就會變成綠色。」

學生甲（小組長）：

「從這段中我找出一個問題：尖嘴魚的外貌到底有什麼特色？」（發問）

學生乙：

「你是指它是綠色的？」

學生丙：

「它不只會是綠色。環境是什麼顏色，它就變成什麼顏色。」（澄清）

學生甲：

「是的。的確如此。我的歸納是這一段告訴我們尖嘴魚的外貌如何就看它所在的環境（概述）。我預測這將與它的敵人是什麼和它如何保護自己有關（預測）。」

「課文還提到尖嘴魚游的方式……。」（補充概述）

Doolittle（1991）將交互學習應用在教導國小六年級電腦課上。這門課共計五小時和三階段。第一階段要求學生用紙筆寫一篇故事文章。第二階段是六年級的作者搭配十一年級和十二年級的學生編輯，這些高年級生是另一電腦課學打字和文書處理的志願生。第三階段是由作者和編輯共同將文章放在電腦的刊物上。前二階段花費三小時以完成文章和將初稿打入電腦，第三階段鼓勵作者和編輯共同修飾文章內容，創造標題，附加圖形資料，如此高年級學生有機會教導低年級學生許多的電腦文書編輯技能。

三、合作學習

合作學習是近一、二十年頗受教師喜愛的教學模式，它是一種具特殊結構的小組學習法，教學的基本步驟依序為：教師教學→小組學習→小考→小組表揚等活動。合作學習的特色在於建立學習小團體組員間的正向相互依靠關係（positive interdependence）、面對面的互動（face-to-face interaction）、個人績效（individual accountability），以及組員社會技巧（social skills）的使用等。這些特性其實與維高斯基為突破個體潛在發展區域的教學主張相近。如參照維氏的觀點，採用

合作學習的教師在設計小組學習的作業單時，應注意其內容要在學習者趨近發展區的能力範圍內，然後透過參考資料、教師指導、小組討論等媒介而提高學習效果。有關合作學習教學模式的詳細介紹，可參考國內的其他文獻。

結語

維高斯基提出了認知發展社會歷史理論，特別重視文化的與社會的因素對人類語言和學習的影響，他比皮亞傑提出了更多具體的教育方法原理，尤其是其鷹架策略和合作交互式的溝通學習方式，將仍是未來二十一世紀建構主義教學所參照的基本原理，足見維高斯基的先見之明。

參考文獻

吳幸誼譯（民83）：學習理論與教學應用。台北：心理。

林美鈴（民85）：兒童認知發展。台北：心理。

Bruner, J.S. (1978). The role of dialogue in language acquistion. In A. Sinclair, R. J. Jarvella & W. J. M. Levelt (Eds.), *The child's conception of language*. New York : Springer Verlag.

Doolittlem, P. E. (1991). *Vygotsky and the socialization of literacy.* ERIC ED377473.

Gredler, M. E. (1992). *Learning and Instruction : Theory into practice.* New York : Macmillan.

Hamilton, R., & Ghatala, E. (1994). *Learning and Instruction.* New York : McGraw-Hill, Inc.

Palincsar, A. S., & Brown, A.L. (1984). Reciprocal teaching of comprehension-monit oring activities. *Cognition and Instruction, 1,* 117-175.

Vygotsky, L. S. （1962）. *Thought and language* (E. Hanfmann & G Vakar, Trans.). Cambridge, MA : WIT Press.

Vygotsky, L. S. (1978). In M. Cole, V. John-Steiner, S. Scribnerr, & E. Souberman (Eds.), *Mind in Society.* Cambridge, MA : MIT press.

Wertsch, J. V. (1985). *Vygotsky and the social formation of mind.* Cambridge, MA : Harvard University Press.

Wood, D., Bruner, J. S., & Ross, G. (1976). The role of tutoring in problem solving. *Journal of Child Psychology and Psychiatry, 17,* 89-100.

第三章

訊息處理理論與教學

　　在認知心理學中，訊息處理（information processing）理論佔相當重要的地位，因為今日電腦的發展，其超乎想像的智慧（被稱為人工智慧）能力，主要即建立在訊息處理理論之上。此派的心理學者嘗試假設人類認知系統的結構和歷程，包括研究人類認知的注意（attention）、知覺（perception）、理解（understanding）、推理（reasoning）、記憶（memory）和問題解決（problem solving）等的本質，以瞭解當人類面對日常的種種活動中，諸如瞭解他人說話的意思、學習新的事物或解決迷路問題的狀況時，個體如何採用心智運作歷程面對環境的刺激而有所反應。對從事教育工作者而言，訊息處理理論有助於增進：(1)對學習者如何獲得訊息和記憶的瞭解；(2)如何將教材以符合學習者認知運作的方式呈現；(3)設計加強學習者各種學習策略的教導模式。

第一節
基本假設

　　訊息處理理論將人類的大腦認知系統稱為記憶體，它是一個多階段（multi-level）的複雜記憶結構，能主動的選取感官資料，將之處理、轉換成有意義的訊息，並把大部分的訊息儲存起來供日後之用。訊息處理理論自一九六〇年代發展

至今，已出現許多的假設模式，不勝枚舉，較具代表性的早
期模式如 Atkinson & Shiffrin（1968）所提出的架構：

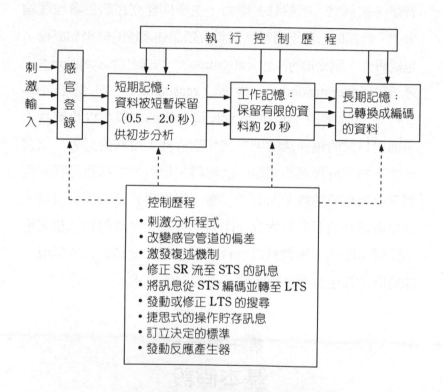

圖 3-1　早期訊息處理模式架構圖

　　由此模式可以看出訊息處理理論主要包含四個部分結構：
感官登錄組織（SR）、短期記憶（STS）、長期記憶（LTS）
和執行控制中樞。當環境中的特殊物理訊息由個體的感覺器

官察覺或注意後，經選擇過的訊息會進一步進入短期記憶組織，經過複練和再選擇後，再轉送到長期記憶組織作永久儲存，而執行控制中樞注意正在處理訊息的運作有效性，決定後續的活動，並監控資料是否被適當的放置和提取。

在訊息處理的基本雛形建立之後，此派理論更進一步的假設模式亦紛紛出現，主要提出了工作記憶（working memory）和後設認知（metacognition）的概念。工作記憶被視為靜態的短期記憶組織之意識狀態，亦即正在處理到該處的訊息，亦或被認為是屬於短期記憶組織和長期記憶組織的中介系統，進行將新收入的訊息與記憶中之舊訊息予以初次結合而形成記憶的歷程，尤其是面對較需要專注的事物，例如心算數字的和、解釋一段文字的意見或解決一個問題，通常一次工作記憶的操作不到三十秒。

後設認知此一概念與前述提到的認知結構中的執行控制系統很相近，其是指個體對認知的認知（cognitive above cognition），又有以「思考上的思考」、「知其所以然」加以詮釋。它除了意指個體在認知歷程中對自己、事件、目標等的覺知之外，亦會根據訊息操作的狀況不斷再計畫、修正、評估或調整其認知策略，個體在認知活動後並獲得後設認知經驗（metacognitive experience），但整個後設認知的概念可包括了後設認知知識（metacognitive knowledge）、後設認知策略（metacognitive strategies）和後設認知經驗三者，以圖 3-2

的另一訊息處理學習模式圖說明之（Dembo, 1994）：

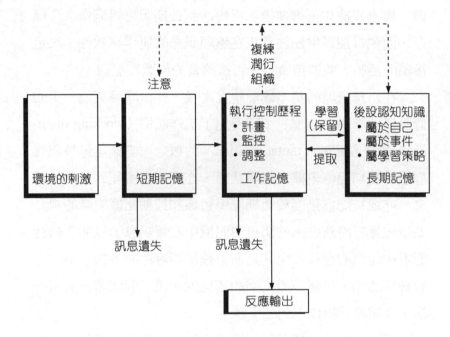

圖 3-2　訊息處理的學習模式

　　茲綜合訊息處理理論各次組織系統的要素、訊息內容和功能如下：

結構要素	內　容	主要功能
感官登錄組織	視覺的、聽覺的 觸覺的、嗅覺的 多管道的訊息	注意 辨識
短期記憶／工作記憶	同上	登錄 複練 提取
長期記憶	概念 （含陳述性知識） 原則 （含陳述性知識） 「假如─就」命題 影像 基模	儲存 組織 理解 推理
後設認知		計畫 監控 修正 評量成效

第二節
訊息處理的學習原則

　　不同於行為心理學派所主張的學習是行為的聯結，訊息處理論者認為學習是訊息的獲得和應用。由於訊息處理理論架構之複雜性，討論此派理論的學習原則時不得不以各組織成分予以分別的陳述，以便教師能在應用時發展出多重策略

於其教學情境之中。

一、感官輸入的知覺組織原則

　　除了自發性的內在思維引動外，人類對於外在物理世界訊息之接受以完形（Gestalt）學派所主張的知覺（perception）的組織原則輸入，包括連續律（law of continuity）、接近律（law of proximity）、相似律（law of similarity）、封閉律（law of closure）和普氏律（law of Pragnanz）。關於前四律，一般心理學的書均有介紹，至於普氏律是指外在的刺激份子會以最簡單的、最穩定的和最理想的形式結合，如以下的二個例子，左邊的圖形我們看成是連續的兩條線，而不是零碎的格子，右邊則是相似的字母較可能被我們看成一組。

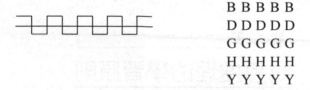

　　上述的學習律可做為教師呈現和設計教材的準則。學生對外在刺激的注意受到環境因素的影響，如果一位在聽課的學生覺知教室外的聲音、教室裡其他同學的私語或動作、自己所帶的小玩具等的狀態，自然無法專心聽課。此外，學習教材的文字大小、空間感、圖形、彩色等均影響學生的吸引

力和注意力。

二、短期記憶的學習原則

　　短期記憶的主要功能在對輸入訊息的編碼和複練。編碼是指將外在刺激訊息轉換為另一種形式，以便儲存與以後取用的心理表徵歷程。如果提示學習者在輸入重要訊息時多採用複述技巧，應有助於提昇短期記憶運作的效能。再者，訊息在短期記憶停留的時間只有短短幾秒，並且其容量受到7±2法則的限制，亦即運作的訊息單位，不論是數字或概念，如果超過九個，會降低個體思維的速率和效率。因此如果一個大訊息以叢集的型式，將資料依特點組合成一個個較具有意義性的「小意元」（chunks），則提高了短期記憶的容量。

　　Perfetli和Lesgold（1977）在比較成績好和成績差的學生的短期記憶時，發現好學生和差學生的短期記憶應沒有差別；但當記憶的是句子時，則好學生表現了較好的短期記憶。可見差的學生並非短期記憶容量不如人，而是他們在應用所知去認字與片語上的速度較慢。他們必須使用多一點的資源去認字，因此容易受其他事件所干擾（引自鄭麗玉譯，民84）。

三、 長期記憶的學習策略

長期記憶可說是記憶系統的核心組織，無論是思維的記憶、理解、推理、想像等等，均有賴此組織的運作。人類對於長期記憶的結構特徵，至今尚不十分瞭解，仍在假設階段。長期記憶中的訊息似有不同的種類，我們可由回憶加以證實，包括符號的、文字的、影像的、情節的（episodic）等等，這些訊息有可能儲存在腦細胞的神經節（nodes），並能快速和其他神經節的訊息相串連（links）。訊息是叢狀的聚合，由基模（schema，複數為 schemata）形成知識組合或概念形成的基本單位，是人類抽象認知思維的基礎。基模與基模之間又可能形成網狀結構（network）（Howard, 1987）而成為複雜的形態，如圖 3-3 為一個特殊基模訊息的網狀組織狀態（Anderson, 1990, p.130）。許多認知研究者將人類在長期記憶的訊息分為故事性知識（episodic knowledge）和語義性知識（semantic knowledge）兩類。前者是我們對生活經驗中活動的記憶，而語義性知識是我們對抽象的概念和原則等訊息之累積。語義性知識又被分為陳述性知識（declarative knowledge）和程序性知識（procedural knowledge）。前者是指個體知道所輸入的訊息是什麼，如看到一隻狗知道牠是狗，並且知道是北京狗；程序性知識則是指我們知道如何操作事物

的步驟（steps）和狀況（conditions），如將一組數字相加，從一段落文章中找出主要句子，或能騎腳踏車等。陳述性知識的思維運作可能較偏重將新輸入的知識和已在長期記憶的知識加以對照、辨別、聯結和擴充（spreading activation），而程序性知識則是除了上述的運作外，不斷的進行「假如—就」（if—then）的程序性思考，如我們計畫從一個地點到達另一個目的地。一個基模可能僅有陳述性知識，也可能僅有程序性知識，也可能兩種性質的知識均有。當長期記憶組織運作時，個體適時採用由下而上（bottom-up）或由上而下（top-down）的策略，抑或同時採用兩者的策略運思。

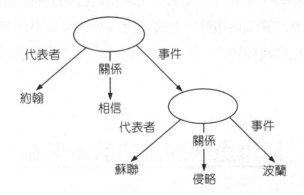

圖 3-3　命題：約翰相信蘇聯將侵略波共之內在表徵

四、後設認知的學習策略

如前節所述，後設認知包含個體對不同認知歷程的知識和調整。通常成人透過經驗的累積，對在一學習情境中應該應用哪些認知訊息和對自己能力的理解比兒童好，而且成人亦具有較佳的記憶調整技巧，使他們能夠診斷學習活動的特性、選擇適當學習策略，以及監控策略的效果（Kail, 1990）。上述諸多的後設認知能力是可以加以訓練的，例如 Pressley, Ross, Levin 和 Ghatala（1984）訓練中高年級的小學生在面對一新問題時，不要馬上反應，先回想是否過去有相類似的問題以及當時採取的策略，之後，這些小學生似乎能選擇較佳的策略以解決問題。

第三節
訊息處理理論的教學策略

統整訊息處理理論的教學策略並非易事，理由之一是人類認知的訊息處理結構之複雜性，它是由多向度的成分所構成，針對某一成分如短期記憶組織的教學原則並不一定符合另一成分，理由之二是許多此派理論的教學策略是學科導向

的，因此在某一學科研究出的策略並不能完全推論至另一科。因此，本節將根據 Dembo（1994, pp. 122-123）參照一九九一年 Johnson 等人的論文，以最簡要的方式介紹此派的教學策略。

一、促進注意力——焦點的策略

1. 調整物理環境以減少分心刺激物。

2. 告知學生單元的目標。

3. 指示學生課文的重點。

4. 教導學生處理分心的自我監控和自我控制技術。

二、促進複練（rehearsal）的策略

1. 由學生辨認基本的名詞和事實。

2. 由學生列出單元中重要的概念名詞。

3. 教導學生做筆記和在課文中劃線。

4. 教導學生適當的記憶術，並鼓勵他們自己發展適合自己的記憶術。

三、促進潤飾（elaboration）的策略

1. 向學生問問題能促使他們思考與教學目標和考試內容相關的問題。

2. 要求學生摘要課堂所上的內容。

3. 安排學生兩人一組閱讀資料，並輪流向對方綜述要點和解釋段落意義。

4. 在一節課結束時預留時間讓學生回顧和修飾他們的筆記，並向學生提出有澄清作用的問題共同討論。

5. 鼓勵學生在複習時自我發問。以下的問題可讓學生自我提問：

   (1)這一課主要是在說什麼？

   (2)這一課最有趣的是哪裡？

   (3)考這一課時老師最可能考的題目是什麼？

   (4)我最想問老師的題目是什麼？

四、促進組織策略

1. 提供某一文章段落讓學生有機會應用到組織能力，如讓他們把該段的大要整理出來。

2. 解釋現在所教的內容和以後要教的相關大概念的關係。

3.在詳讀一章之前告訴學生先瀏覽該章以瞭解其組織性。

4.讓學生討論他們選擇記筆記內容的理由。

5.鼓勵學生發展概念構圖（concept maps）。

6.利用前導組體協助學生連結新舊經驗（advance organizers）。

五、促進後設認知策略

1.鼓勵學生為課業或學習時間訂定特定的目標。

2.鼓勵學生在閱讀時監控自己的理解狀況。

3.要求學生描述解題的目標。

4.針對課堂學習的段落，要求學生整理他們學會的教學重點和不懂之處。

5.要求學生描述他們完成指定作業的過程。

參考文獻

鄭麗玉（民82）。認知心理學—與應用。台北：五南。

Anderson, J. R. (1990). *Cognitive psychology and its implication* (3rd ed.). New York: W. H. Freeman and Company.

Atkinson, R. C., Shiffrin, R. M. (1968). Human menmory: A proposed system and its control processes. In K. Spence & J. Spence (Eds.), *The psychology of learning and motivation,* Vol. 2. New York: Academic Press.

Dembo, M. H. (1994). *Applying educational psychology* (5th ed.). New York: Longman.

Howard, R. W. (1987). *Concepts and schemata.* London: Cassell.

Kail, R. V. Jr. (1990). *The development of memory in children* (3rd ed.). New York: Freeman.

Perfetli, C. A, & Lesgold, A. M. (1997). Discourse comprehension and sources of individual differences. In M. Just and P. Carpenter (eds.), *Cognitive processes comprehension.* Hillsdale, NJ: Lawrence Erlbaum.

Pressley, M., Ross, K. A., Levin, J. R., & Ghatala, E. S. (1984). The role of strategy utility knowledge in children's strategy decision making. *Journal of Experimental Child Psychology, 30,* 491-504.

第四章

建構取向的
教學設計

在大力提倡開放教育、教育鬆綁等口號的社會環境之下，根據建構主義（constructivism）所發展的教學觀似乎與之非常適配。基本上，建構取向的教學注重學生的知識基礎與思考邏輯、學習自主、啓發式教學、合作建構學習等，這些原則正好是臺灣過去教育體制特色的反動，也是近一、二十年來世界教育革新的重要內涵，希能彌補過去教育無法培養學生認知的深度和彈性，以及沒有機會運用所學以解決問題和自我調適等的缺失。其實台灣近幾年在科學教育的新課程與教學的設計上嘗試採納建構主義的學理及其應用策略，相關文獻頗爲豐富（郭重吉，民81；范毓娟，民83；簡自強，民82）。

建構主義的源起甚早，可追溯到十八世紀哲學家康德（Immauel Kant）的批判主義（criticism），但在教育學界或心理學界常將建構主義之起源歸結於皮亞傑（J. Piaget）、維高斯基（L. Vygotsky）、布魯納（J. Bruner）等人。

事實上，目前臺灣許多從事教育工作者對於建構取向的教學觀及其實踐感到既熟悉又陌生，他們認爲如果建構教學是指教師輔助學生組織教材內容以便吸收，此乃學校經常性的學習活動，學生在課室裡不是無時無刻在「建構」知識嗎？殊不知建構取向教學有何特殊之處。本章將在簡要介紹建構主義的學習原理之後，統整建構取向的教學之重要策略，期能作爲教師採用建構主義計畫教學時的參考依據。

第一節
建構主義學習派典的兩大勢力

　　無論在哲學上、心理學上或教育學上，屬建構主義（constructivism）派別者採用建構（construct）一詞，是指他們對何謂知識（knowledge）與知識的形成（how knowledge is built）有其特別的主張。最為大家所熟悉的知識二元論之劃分為理性主義（rationalism）相對於經驗主義（empericism），後者的基本主張為知識的獲得及其體系是經由人類客觀的感覺經驗、事實證據及實驗等為基礎，而理性主義則認為許多經由觀察而得的訊息具有不確實性，人類知識的獲得乃是源於天賦理性，一種自明的領悟力（林逢祺譯，民85）。知識體系可由推理或演繹等內在的直觀活動而建立，因此，所謂知識的最佳體系是因人而異的，就注重個體思考的主體性而言，教育上所指的建構主義可說是近代理性主義的新詮釋。然而，建構主義學者在知識的形成過程和影響要素等方面的觀點有其分歧性，因而有所謂極端建構主義（radical constructivism）、微析建構主義（trivial constructivism）、個人建構主義（personal constructivism）、社會建構主義（social constructivism）、情境脈絡建構（contextual constructivism）等不同派典（Dana & Davis, 1993）。

　　由於建構主義的突起，教育心理學領域亦無可避免的受到該風潮的影響，而有建構取向的學習理論和教學模式之出現。教育上的建構主義可概觀的劃分爲個人的建構觀（personal construct）和社會的建構觀（social construct）。個人建構的學習觀主要建立在極端建構主義者 Ernst Von Glasersfeld（1981, 1990）的立場上，他的主張基本上有四點：

1. 知識或概念是由有認知能力的個體主動建構的，並且無法被動的接受。
2. 認知是一個組織個人經驗世界的適應（adaptation）過程，而非去發現客觀存在的現實世界。
3. 認知活動是個體以適應（fit）或靈活性（viable）去組織其經驗世界。
4. 認知活動以個體的目標或意圖爲根基，而個體知識建構的結果受到其行動有無成功地達到目標所影響。

Von Glasersfeld(1987) 自己闡述其想法如下：

　　建構主義的獨創性在於它強調知識無法或不需要去配合實體存在（ontological reality），後者乃指一定要在個體經驗限制範圍內可見的或可驗證的，如此限制了個體行動和思考的可能性（p.48）。

　　另一方面，生理學家發現控制訊息的神經並不直接相連，

神經系統中，內部訊息感受器的數量，遠多於外部感受器。實際上就神經系統整體而言，它是一個自我封閉體系，其輸入的訊息絕大部分來自於自己的輸出。所以學習者當然不是像「空容器」一樣那麼容易被「灌入」科學知識，人類對於訊息的處理，更不像是打開接收器就可輕易的接收訊息，反而是對外界的訊息具有強烈的選擇性（金觀濤，民 77；Anderson, 1992，引自范毓娟，民 83）。

　　極端建構主義採用了著名的瑞士心理學者皮亞傑（Jean Piaget, 1896-1980）的認知發展觀點。皮氏認為個體的邏輯─數學的思考能力隨年齡而逐漸成熟，並發生質的改變。兒童在二、三歲前的認知操作需依靠他在環境中實際行動的訊息，然而兒童約在七歲左右因內在邏輯思維建構程度的提昇而獲得保留（conservation）概念。個體到了十一、十二歲左右進入形式操作期後，則能夠進行包含物理知識、邏輯─數學知識和社會知識等不同類型的知識，且不依賴實體世界高層次之思考。皮氏亦假設大腦儲存了許多不同功能的知識組成單位──基模（schemata），基模的適應性操作包括同化（assimilation）──將外在的經驗融入在原有的認知結構中，和調適──（accommodation）改變反應方式或重新組織原有的認知結構。在同化和調適的運思過程中，個體可能不依循傳統方式而創造自己的邏輯規則。因此，真正的學習乃是個人的創造或建構，故教師必須尊重學生獨特的認知體系，自己

最好是一個知識的創造者和具有良好知識建構的策略者。

　　相對於個人建構的學習觀，社會建構主義對學習的假設似乎更為教育人士所注意。此派學者認為知識的形成除了依賴個體內在理性的、邏輯的思考外，更應注意諸如社會的、文化的、生態的等外在因素。個體的認知活動是其所處的情境脈絡相關因素彼此交互影響之下完成建構的。Taylor 和 Campbell-Williams（1993）即提出了極端建構主義應增加的成分或原則：

　　　　第三原則源於知識的社會學以及認定現實是被交互主觀建構（constructed intersubjectively）的結果。這意謂個體和他周圍的重要他人分享共同生活世界的意義和社會觀點（Berger & Luckmann, 1966）。

　　上述原則注重學習之社會文化（social cultural）和社會情緒（social emotional）的結構，提高語言在學習的重要角色，以及認定學習者之間是互助／互動的知識建構。皮亞傑亦認為個體內在運思活動與外在的社會互動同時出現時，可以促進認知平衡，客觀的和辯論性的省思（劉錫麒，民 82）。

　　綜言之，社會建構主義學者認為學習是在複雜的情境脈絡相關因素下找出適性的行動。學習者無法脫離已知者或重要他人，經由彼此語言的溝通而建立認知。例如個體對三角

形概念除了有自己的建構外，還包括了個體與那些已有三角形概念的他人互動，以及他人的三角形概念與自己的三角形概念符合程度等的複雜經驗（Jaworski, 1996）。

第二節
建構主義的重要教學原則

在建構主義的學習環境之下，學生不只被動的接受或拷貝式記憶教師所教的內容，而是多主動思考訊息的意義性和聯絡新舊知識之間的關係，換言之，學生透過了積極建構的思考歷程發展新知識。教學策略與學習環境是緊密相關的，建構主義取向的教學乃在營造一個符合建構主義教學特色的學習環境，教學的本質應有以下的特色（Taylor, Fisher & White, 1993）：

1. 知識本身具有不確定性（knowledge uncertain）。
2. 所學的新知識能建立在個體原有的知識體系或能與日常生活經驗對照的基礎之上。
3. 學生一方面具有學習自主性，一方面與他人分擔對學習的控制。
4. 知識並非單向的課本或老師來傳輸，整個學習應包括

同學之間的社會性主動，如討論、參與、磋商的過程。

5.教學應以學生為中心。

胡志偉（民86）亦對建構主義的教學原則提出了一些具體方法：

1. 不直接教導學生。
2. 用生活中的情境來佈題，以便學生用舊經驗來建構新知識。
3. 鼓勵學生在課堂上發表自己（不同於別人）的意見，以便讓別人聽到不同的觀點。
4. 不鼓勵機械式的練習活動。
5. 使學生感到自己的概念是有缺點的，然後再幫助學生發展出正確的概念。

教師在上述的學習情境之下要能改變其傳統習慣的角色，教師被比喻為營養師，其功能在提供一種富營養的環境以讓學生自主的發展其知識。Marcy P. Driscoll（民85）在國立台中師範學院所舉辦的建構主義研討會，陳述如下：

建構主義之下老師的角色可以是個促進者、教練者、資料提供者、專業的學習者、學習環境的建築師、提供問題者。在這樣角色之下，老師不再是知識的給予者、權威（性）者、特別也不再是某個

　　領域裡的專業者。學生與老師事實上是在一個共同
　　學習環境下來共同學習。

　　其實扮演建構取向的教師並不容易，也相當「渾沌」，如
遵從極端建構主義者的看法，教師應儘量放棄對教科書和講
述教法的依賴，並僅利用少份量的語言溝通作為引導學生建
構知識的媒介。然而，如遵從社會建構主義者的看法，教師
應較積極的設計一種師生互動的角色，使學生不僅自我建構
知識外，亦有機會瞭解他人知識的建構歷程，並透過師生間、
同儕間的對話而使知識建構的過程更有效率和促進彼此情感
的、文化的溝通。

第三節
建構導向的教材教法設計

　　教學計畫設計涉及了多層面的考慮，諸如目標、教材、
教法、評量等變項的考慮，尤其是教材的選擇和教法的設計
更是教學設計的主軸，教材與教法是互相關聯的，特殊的教
材影響了教法的採用，而許多教法要配合的教學型式才得以
實踐。本節擬對目前臺灣尚較缺乏的建構導向教材先加以介
紹，再統整代表此派的教學模式。

一、問題的和實驗導向的教材式樣

學生常被置於一種以教師發問爲主的情境之下或探究式的問題情境之中，例如可以在新單元教學一開始時，教師放棄傳統的方式，先提出問題，以下爲兩個讓學生探究的問題，然後再由師生或由學生自己發展討論的子問題：

「爲什麼我們要多用環保洗衣粉？環保洗衣粉和非環保洗衣粉有什麼不同？」

「如何解決臺灣南部夏天缺水的問題？」

二、情境的或真實的教材式樣

建構導向教師被鼓勵多採用能與學生現實世界聯結或他們能在現實世界操作的教材內容，例如「鯨魚研究」的學習可讓學生製作鯨魚的實體小模型或設計鯨魚的棲息生態環境；另外也可採用情境式學習單的設計。以下爲一自然科情境學習教材的例子：

設計者：呂品

喝茶

人物介紹：小明、小華、小強

故事情節：

　　一天下午，小明、小華和小強心血來潮自己泡下午茶來喝。小明和小強拿出泡花茶的茶壺，加入一些花茶。接著，小華跑去燒開水。在瓦斯爐上，水壺內的水發出撲嚕、撲嚕的聲音，接著一陣尖銳的氣笛聲：「嗶-----嗶------。」小華趕緊將瓦斯爐關掉，拿起熱水往茶壺裡倒入熱水。只見水色由透明漸轉紅色，擠壓數下，終於均勻了。

　　一人倒了一杯，茶香四溢，小明拿出白糖來加了一瓢。但小華卻說：「白糖不好，我喜歡加方糖。」他也丟了一顆方糖入杯。小強更搞怪了，他說：「冰糖才是最好的。」他加了一瓢的冰糖。三個人攪拌了幾下，小華的一下就溶解完了，小明多攪了一陣子才溶解完，只有小強攪了好久才終於看不到冰糖。

問題一：水為什麼和何時會變氣態？

　　子題：

　　1. 燒開水時，何時會發出撲嚕撲嚕的聲音？

　　2. 為什麼水壺的氣笛會叫？

　　3. 為什麼瓦斯爐關掉一陣子，水壺的氣笛就不叫？

問題二：白糖、方糖和冰糖有什麼不一樣？

　　子題：

　　1. 三種糖哪個溶得比較快？

　　2. 三種糖哪個顆粒比較粗？

　　3. 爲什麼溶解的速度不一樣？

另一例爲國小六年級學生（利用社區資源）製作電話故事線以服務學前兒童，六年級學生得學習如何去選擇適合的故事，安排錄音工作，挑選好記的電話號碼等。

三、主題式的教材式樣

此種教材設計希望學習者在一個大領域的教材內容中選擇自己有興趣探究的主題，成爲該主題的專家，但也有機會接觸他人或小組研究的主題，例如教師針對鯨魚研究在「捕鯨」這一主題上提出一連串的問題，並讓學生選幾個問題去蒐集資料，問題包括如下：

• 鯨研究（Whale Research）──比較鯨和魚的異同：

雖然鯨和魚都在相同的環境中生活，兩者仍有非常大的歧異，試答以下問題：

1.牠們如何呼吸？

2.如何游泳？

3.如何產子？

4.皮膚有何不同？

5.如何生活？

6.如何進食？

參考以上子題，擬定有關鯨的計畫，可建議學生的計畫內容包括：

1.製作實體小模型、壁畫或繪畫。

2.規劃讓其他班級觀賞的展示藝廊。

3.設計鯨的棲息生態環境。

又如中國歷史，學生可選擇性的深入探討某一個朝代，例如「秦朝」、「唐朝」、「宋朝」……等，分組製作成報告書或壁報。並與其他同學分享成果；又如影響人類文明的重要金屬這個大主題，也可以讓學生選擇某一金屬做為探究的主題。

四、聯結歷史的教材式樣

學生的學習產生困難往往是因爲接受零碎的、抽象的且

無法與日常生活聯結之新概念，他們接觸的練習問題也常是無良好環境脈絡結構的學科主題。其實，學生對動力（force）和運動（motion）常會有亞里斯多德派的概念，而對電流（electric fluid）則有十八世紀電工所持有的相似概念，因此Stinner 和 Williams（1993）主張一種替代的概念架構（alternative conceptual frameworks）之教學模式，讓學生在大格局的脈絡問題（large context problems）或科學故事之下學習。

　　例如從文藝復興到十七世紀的物理學，學生可以從以下幾個主題選擇其有興趣探究者（Stinner & Williams , 1993）：

1. 哥白尼和以地球爲中心的太陽系。

2. 十五、十六世紀的航行問題。

3. 在海上找到經度定位的問題。

4. 羅盤及其對航海的影響。

5. 伽立略的望遠鏡。

6. Kepler 著作「火星的戰爭」（War on Mars）。

⋮

第四節
建構取向的教學策略

　　建構主義的學習強調個人直觀的創造世界和主動建構知識的能力，因此教師應該設法營造一個能鼓勵學生自由的、探索的、表達的情境，同時，因個人建構的精緻化常須借助個人與他人的討論解釋和協商，故合作建構式學習相當重要，近十餘年來，學校雖欲積極嘗試採用建構式教學，然而究竟那些教學策略代表此種取向的模式，仍莫衷一是。Dana 和 Davis（1993）指出，建構主義教學理念是希望其方法能反應出「以學習為中心」，考慮「注重學生的原有想法」，及「能使新舊概念達到概念統合的改變」的學習。他們並認為代表建構主義教學的方法包括分組學習與磋商、問題解決法、實驗活動和電腦教學等。Driscoll在台中師範學院初教系的建構主義研討會中，亦指出師父學徒制、合作學習、模擬情境學習，以及利用科技開放式學習環境設計等型式，本節亦嘗試歸納建構主義取向教學的重要模式，在強調教學為計畫性活動的前提下，幾種重要教學策略包括：

一、指定文章式作業

為了製造讓學習者主動發展其自我組織的知識體系，教師應鼓勵學生寫心得、編撰實驗報告、設計故事書、作壁報等等。

二、安排師生個別對話

此派學者雖然鼓勵學習上的個人建構，但並不是讓學生完全自由的自己學習，因為學生在學習新教材內容時往往有困惑、迷失概念或瓶頸，需要大人的指點，透過師生個別對話是教師發現每個學生的認知思維及問題的最佳方式，以下即為一例，學生裴爾在做有關平方和的問題（Jaworski, 1996）：

麥克（師）：有什麼其他的數字先由這個平方和組成的？你能列出所有的數字嗎？

裴爾（生）：我不確定——我沒有寫出所有的數字。

麥克：唔，你有 25，你有 29——我想到 26，27，28——我是否能夠將它們當作平方數字？——利用將平方數字相加的方法？

裴爾：嗯，我將一直算到 30——由此可能——得到解答

（很小聲）。

　　麥克：那麼你將會用什麼策略？你的步驟如何？

　　裴爾：我將嘗試所有不同的數字。我找出 25 和 29，所以我必須試這兩個數字間的所有數字。

　　麥克：有道理，你慢慢演算。很好。（p.122）

　　以下為筆者自己指導的經驗：

　　一數學題目：做運動褲 1 件需有 1.05 公尺，布長 12.5 公尺，最多可做運動褲幾件？

　　子：（解題時計算到小數點後第六位）這題為什麼沒有辦法整除？

　　母：讓我看看，奇怪，找不到你的錯誤。

　　母：你的數學習作到現在為止的練習題都能整除。我再檢查一遍。奇怪，找不到計算錯誤。

　　子：我沒有計算錯啊！

　　母：（停頓，再重新讀問題）我知道了，你想這個問題需要除盡嗎？它問的是幾件，你想，計算到那裡就知道幾件？

　　子：搖頭。

　　母：是不是計算到小數點後一、二位就知道幾件了？

　　子：哦，我知道了。

三、採用認知引導式教法

認知引導式教法（Cognitively Guided Instruction，簡稱 CGI）是由 Fennema、Carpenter 和 Peterson（1989）所提出，此種教法注重教師瞭解學生學習前的認知階段和學科起點狀態，學生學科概念是如何自然發展的，以及學生主動思考訓練。實驗此種教法的研究指出，受過 CGI 訓練的教師因多花時間在數學問題文字和問題解決歷程的討論，學生無論在記憶和解題的表現上，均比那些被教導於較注重問題表面和答案的教師下的學生優異（Carpenter, Fennema, Peterson, Chiang, & Loef, 1989）。臺北市第一女中資優班的歷史科教學近期嘗試了設計近似此種教法模式（沈育美等，民 87），見本章的附錄。

四、採用模擬情境教法

建構的學習雖然重視學生自己的直觀世界，但教導者應協助學生在模擬真實世界的情境中學習，如此才能培養學生真實的知識以利應用。教學原則參照前節的相關部分。

另一例為讓五年級的學生製作學校博物館，學生經過資料蒐集後選擇多元文化遺產的介紹，也有學生重建五〇年代

的餐館，如此結合了社會科和數學科的教材（Trotter, 1995）。

五、採用電腦網際網路教學

為鼓勵學生自主的決定學習內容和學習路徑，現代科技的電腦是實施建構取向教學很重要的資源，教師可將各項資源存入電腦形成特定學習資料庫，或讓學生成為設計者的角色，動手構圖、合成音樂、程式語言等等；也可讓學生上網蒐集主題資料並與他人討論。

六、採用合作建構式教法

人是社會的動物，故教學活動被建構主義者認為是彼此間猜測和相互調整的過程，因此之故，教學亦鼓勵學生藉由與他人相互分享以得到知識的意義。學生經由與他人溝通、解釋、描述、辯護等歷程，而使得自己的知識系統更精緻化。Nussbaum和Novick（1980）曾採用合作建構方式讓十二至十三歲的學生去發明一個氣體的模型，小組成員須描述自己的模型，參考他人的觀點，並為自己的組別所做模型的優缺點辯護……等，這種學習方式被證實可幫助個別學生建立更佳的分子模型之知識。

結語

　　其實許多建構主義所主張的教學方法並不新穎，如發問法、實驗法、小組學習等型式。因此，只要教師能擷取建構主義的精神和教學原則，將之結合在原來已有的教學方法中，也不失為一種實踐的策略。然而，為了更確實的使用建構主義的教學，教師可能需要接受特殊訓練或組成研究此種教學取向的討論小組，並定期集合交換意見和練習新的教學型式（如教學示範或編製情境學習的教材），如此才能促使臺灣的各級學校有更多不同科目的老師實踐代表新世紀的認知教學法。

參考文獻

沈育美、黃宗德、單兆榮（民 86）。建構式歷史教學的嘗試——北一女中「社會科概論」，歷史教育創刊號，頁129-160。

林逢祺譯（民 85）。哲學概論。台北：桂冠。

金觀濤（民 77）。人的哲學——論「科學與理性」的基礎。

台北：商務

胡志偉（民 86）。國小教師對建構數學的看法，教育資料與研究，第 18 期，頁 21-25。

范毓娟（民 83）。國中理化教師試行建構主義教學之個案研究。科學教育，第 20 期，頁 29-47。

郭重吉（民 81）。從建構主義的觀點探討中小學數理教學的改進。科學發展月刊。20 卷，第 5 期，頁 548-570。

審自強（民 82）。「建構式教法」的教學觀～由根本建構主義的觀點來看～。國教學報，第 5 期，頁 33-42。

劉錫麒（民 82）。數學思考教學研究。台北：師大書苑

Carpenter, T. P., & Fennema, E. (1988). *Research and cognitively guided instruction.* In. E. Fennema, T. P. Carpenter, & S. J. Lamon (Eds.), Integrating research on teaching and learning mathematics (pp.2-19). Madison, WI: University of Wisconsin, Wisconsin Center for Education Research.

Dana, T. M., Davis, N. T.(1993). On considering constructivism for improving mathmatics and science teaching and learning. In K. Tobin (Ed.), *The Practice of Constructivism in Science Education* (pp51-70), Washington, D.C. : AAAS Press.

Driscoll, M. P. （民 85），創造世界或是直觀世界。載於建構主義研討會專輯，國立台中師範學院，頁 26-36.

Fennema, E., Carpenter, T. P., & Peterson, P. L. (1989). Learning mathmatics with understanding: Cognitively guided instruction. In J. Brophy (Ed.), *Advances in research on teaching* (pp. 195-221). Greenwich, CT: JAI Press.

Jaworski , B. (1996). *Investigating mathematics teaching : A constructive enguiry.* London: The Falmer Press .

Nussbaum, J., & Novick , S. (1980). *Brainstorming in the classroom to invent a model : a case study*, Jerusalem : Israel Science Teaching Center , The Hebrew University .

Stinner , A., Williams , H. (1993). *Conceptual change, history and science stories.,* Interchange , 24(1&2), 87-103.

Taylor, P., & Campbell-Williams, M. (1993). Discourse towards balanced rationality in the high school mathematics classroom: Ideas from Habermas's critical theory, In Taylor , P.C. S. and Malone, A.J. (Eds.) *Constructivist Interpretations of Teaching and Learning Mathematics.* Perth , Australia: Curtin University of Technology.

Taylor, P. C.S., Fraser, B. J. & White, L. (1993). *Constructivist learning environment survey for mathematics education.* Perth, MA: National Key Center for School Science and Mathematics , Curtin Univesity.

Von Glasersfeld , E. (1981). An introduction to radical constructivism. In E Von Glaserfeld (Ed.), *The Construction of Knowl-*

edge: *Contribution to Conceptual Semantics.* (pp.193-218). Seaside, California: Intersystems Publications.

Von Glasersfeld, E. (1987). Constructivism, In Husen, T. and Postlethwaite, N. (Eds.) *International encyclopedia of education,* Supplement Vol 1, Oxford: Pergamon.

Von Glasersfeld, E. (1990). "An expositioon of constuctivism: why some like it radical", in Davis, R.B., Maher, C.A. and Noddings, N. (Eds.) Constructivist views on the learning and teaching of mathematics , *Journal for Research in Mathematics Education,* Monograph Number 4, Reston, VA: National Council of Teacher of Mathematics.

附錄

教學單元設計

單元：1　　　　　　　　　**課題：歷史是什麼？**

節	教　學　活　動	授課地點	時間	備　註
1	一、準備活動 　1.印發本學期課程表、分組名單及考評表 　　（老師用）。 　2.老師概述本學期教學單元及活動內容， 　　並說明戶內、外活動的常規、須準備的 　　用具及學習成績考評方式。 　3.同學自由分組（自行選擇伙伴）—— 　　一組6～7人。 二、老師講述：「歷史是什麼？」 　1.個人記憶與集體記憶 　　——結構的歷史、動態的歷史、解釋的 　　歷史。 　2.「讓（十四、十五號）公園留存集體歷 　　史記憶」 　　（引自中國時報，86.3.6，11版） 　　「四萬元換一元：二二八事件的前後」 　　（引自聯合報，86.3.6，17版） 三、分組活動的準備 　1.各組會商認取題目。 　2.分配各組在圖書館的座位及活動的空 　　間。	教 室	10' 30' 10'	學期課程表、 分組名單（格 式）、考評表 ，如附件。 老師說明歷史 重建的方法或 過程：蒐集、 選材、序列、 解釋等。 運用新聞材 料，當前社會 議題來回溯歷 史，讓學生有 置身時空之流 的感受。

2	四、學生活動：「歷史是怎麼來的？」 　1.題目——A. 我國教育近況 　　　　　B. 台灣的音樂 　　　　　C. 中國文物 　　　　　D. 中國的少數民族 　　　　　E. 亞洲經濟發展態勢 　　　　　F. 漫談科技 　2.老師指導： 　　建議可參考的書刊，指導蒐集、選擇材料，協助學生掌握題目的重點及瞭解時代背景脈絡。 　3.各組同學分工閱讀資料、摘要、討論，擬定口頭報告綱要，選出報告人。	圖 書 館	25' 分工蒐集、閱讀、摘要、討論。 25' 全組討論、擬稿。	題目所涉及的層面大，讓學生和指導老師去研商如何掌握重點。
3	五、各組報告、同學發問 六、師生研討：「反省」歷史 　重建歷史的限制——被賦予的時間、從事者的能力和既有的觀念、能取得的資料……。 （七、各組準備原住民樂、舞，下次上課時表演）	教 室	40' 10'	各組 5'。 老師控制報告—問答的時間。

第五章

多元智慧的教學

　　美國哈佛大學教育研究所郝何德・迦納教授（Howard
Gardner）自一九八三年出版《心智的架構》（Frames of
Mind）以來，似乎在教育領域造成了一股「旋風」，其所主
張的多元智慧（multiple intelligence）及其在教育的觀點成為
全球學校教育改革的熱門主題，迦納本人亦於八○年和九○
年代親自領導多元智慧教學模式的試驗，並於其後續的著作
當中對其教育主張作相當深入淺出的介紹（Gardner, 1991, 1993;
Haggerty, 1995）。其實，迦納認為多元智慧的概念並未到最
後成形階段，它一直是在發展當中，並可能不斷被修正，七
種智慧的架構已增為八種智慧，並且他在試圖整合神經生理
學、心理計量學（psychometrics）、特殊族群、認知發展學、
人類學等領域的思考過程中，迦納並未對人類智慧究竟應有
多少成分加以設限。

　　由於迦納所發展的多元智慧理論重現生物的、文化的和
實用的價值，與早期重視心理計量學的智力理論有所不同，
因而易與學校教育的目的、課程和方法相對應，到目前為止，
已有許多學校教師嘗試去認識多元智慧教學的涵意及其在課
堂應用的具體方法，期能擁有新世紀教師的教育專業智能。

第一節
智慧指標的定義及其演進

　　多元智慧（multiple intelligence）中的智慧（intelligence）一詞，其實已成為世俗用語，因此其意義很混沌，似乎與天資優異（gifted）和特殊才能（talents）的意思相近。迦納因此對智慧的涵意加以說明：「基本上，我將智慧視為一種身心潛力（biopsychological potential），亦即所有物種均具備其所能運作的一組心智機制（a set of intellectual faculties, Gardner, 1993, pp. 36-37），智能是解決問題或製造產品的能力，受到一或多種文化環境的重視（Gardner, 1983）。」迦納認為人類認知的範疇，應該包含比現在一般人所考慮更寬廣的智能標準。以人類的智慧除了早期心理學所指的可由心理工具測量的智商（intelligence quotients），如語文的、數學的智慧外，尚包括其面對環境中的特殊內容如自省的（intrapersonal）智慧、人際的（interpersonal）智慧等。早期的智商意指一個人心理年齡和實足年齡的比例，一般人落在90-110之間，指數愈高，指個體聰明程度愈高。在迦納的多元智慧概念之前，最早期著名的智力理論是由比奈（A. Binet, 1857-1911）和史皮曼（Spearman, 1927）所發展，其假設智能

的測量可從語文的和非語文材料的理解，以及需要推理問題
解決等的題目看出，然而其所代表的是心智的綜合性因素
（general factor）。在比奈之後逐漸出現階層性或平行向度的
智力結構理論暨測驗工具（Gustafsson, 1997），包括魏氏（D.
Wechsler, 1896-1981）智力測驗、薩史東（Thurstone, 1938）
的智力測驗、基爾佛（Guilford）的三層面智力模型，以及史
騰柏格（Stenberg, 1985）的智力三元論等。茲將較具代表性
的智力結構成分以及迦納的多元智慧成分依理論出現的先後
時期列出如下：

比奈智力	魏氏智力（成人）	薩史東智力	基爾佛智力
	語文	語文思考	產物
	常識	文字流暢性	單位
	思考	數字	類別
	算術	空間	關係
	相似性	記憶	系統
	數字群	知覺速度	轉換
	字彙	推理	涵意
	操作		內容
綜合性因素（general factor）	數字符號		圖形的
	圖形完成		符號的
	積木設計		語義的
	圖片排列		行為的
	事物組合		運作
			評價
			收斂思考
			發散思考
			記憶
			認知

史騰柏格	迦納智力
組合（componential）智力	語言
智能表現	邏輯—數學
吸收新知	空間
後設認知	身體—動覺
情境性（contextual）智力	音樂
適應能力	人際
改變能力	內省
經驗（experiential）智力	自然探索（naturalist）
經驗運用	
經驗改造	

　　大部分的個體雖然均擁有迦納所提的多種智慧，但這些智慧能力通常是不平均的，乃因個體天賦的才智和後天環境刺激均有所不同之故。假如個體自己和相關他人能瞭解其所擁有的智慧特質，則有利於個體成功的適應環境並發展其潛能。以下將簡要解釋迦納八種智慧的特質，而 Armstrong（1994；李平譯，民 85）已發展出可讓教師評估學生智慧偏向的工具，呈現於本章附錄。

智 慧 類 型	特　　質
語文／語言智慧	個體運用口頭語言和書寫文字的能力：對字句和音／義的處理程度。
邏輯／數學智慧	亦即科學思考，個體運用演繹思考／推理，數字和抽象型式辨識的能力。
視覺／空間智慧	個體運用視力形成對物體心理具象，創造內在意象／圖形的能力。
身體／動覺智慧	個體運用身體的動作、雙手的技巧，瞭解大腦動作神經和身體的特長。
音樂／韻律智慧	個體辨認聲音型式，敏銳地覺察調子和節拍的能力。
人際智慧	個體把握人與人的關係和溝通的行動能力。覺察並區分他人的情緒、意向、動機和感覺的能力。依賴其他所有智慧。
內省智慧	個體重視存在的內在狀態、自我反省、後設認知及覺知靈性現實。
自然探索智慧	個體對自然事物有高度的好奇心，喜好辨認和區別的認知活動。

　　迦納雖然將智慧結構分為七、八種之多，但他強調此種結構的形成是綜合許多知識領域後的推論，並未有科學實驗的證據。迦納指出他的智慧結構兼具生物效度（biological validity）和教育的工具性（educational utility），我們可以觀察到每個個體均有其特殊的智慧能力，例如有些人音樂能力特別突出，有些人能言善道，有些人運動神經特別發達，有些人具有優勢的數學思考力，而有些人較善於反射自省。由於

人類所處的環境相當複雜，個體須面對不同的事物或情境，故以適當的單一或數種智慧因應環境是自發現象，例如書本引動個體的語言智慧，與數學相關的問題則引動邏輯的—數學的智慧。

在某一情境之下可能需要超過一種的智慧，而某一特殊智慧可能被運用在不同的情況之下，例如一小提琴手必需有優秀的身體的／動覺的智慧，一個樂團指揮需有相當的人際智慧，而一個歌劇的導演則同時需要具備良好的空間的、個人的、語言的和音樂的智慧。

第二節
多元智慧的學習需求與教學型式

針對傳統學校教育的成效，迦納批評學生被置於一種知識分裂、機械式練習、死記、教材與現實世界嚴重脫節的教育體制中，而如何安排增進理解的教育是急需設計的。迦納提出了所謂博物館學習模式（museums as learning model）。這種模式結合了多種教育的理念，包括學徒制、杜威的「做中學」和感官教育。學生在具有豐富資源的情境如博物館、科學館、農場等地方探索，尋找主題和專家同儕談話，並且製作報告或產品（Gardner, 1991，陳瓊森譯，民 84）。在這

種學習的情境之下，具不同智慧特質的學習者有較多的機會運用到其認知的優勢，不像傳統教師講述爲主的教室僅能配合語文／語言智慧優勢的學生。

迦納（Gardner, 1991）曾針對促進個別學生理解能力的教法加以統整，而提出五種配合多元智慧的教學切入的方法，包括敘事切入法（narrational entry point）、邏輯量化切入法（logical-quantitative entry point）、根源切入法（foundational entry point）、美學切入法（esthetic approach）和經驗切入法（experiential approach）等。

Armstrong（1994）在其「Multiple Intelligence in the classroom」一書中指出，學生因不同智慧優勢的思考特性和特別的學習需求，以表 5-1 說明之（李平譯，民 86，頁 36）。

Armstrong 在上書中繼續闡述智慧配合發展學生的教學策略，以便教師在教學計畫階段選擇最佳的性向—措施—互動（aptitude-treatment-interaction）的教學模式，才能促進學生學習的理解和效果（李平譯，民 86，頁 65-70）。茲選擇出其中較重要的方法，見表 5-2。

表 5-1　學生的七種學習方法

發達智慧	思考	喜歡	需求
語文／語言	用文字	閱讀、寫作、講故事、玩文字遊戲等	書籍、錄音帶、寫作工具、紙、日記、對話、討論、辯論、故事等
邏輯／數學	靠推理	實驗、提問、解決邏輯難題、計算等	可探索和思考的事物、科學資料、操作、參考天文館、科技館等
視覺／空間	用意象及圖像	設計、繪圖、想像、隨手塗畫等	藝術、樂高積木、錄音帶、電影、幻燈片、想像遊戲、迷宮、智力測驗、圖畫書、參觀藝術博物館等
身體／動覺	透過身體感覺	跳舞、跑、跳、觸摸、建造、手勢等	演戲、動作、建造、體育和肢體遊戲、觸覺經驗、動手學習等
音樂／韻律	透過節奏旋律	唱歌、吹口哨、哼唱、手腳打節拍、聽等	唱遊時間、聽音樂會、在家和學校彈奏樂器等
人　際	靠他人回饋	領導、組織、聯繫、操作、調停、聚會等	朋友、群體遊戲、社交聚會、社區活動、俱樂部、老師／學徒制等
內　省	深入自我	設立目標、冥想、夢想、安靜、計畫	祕密處所、獨處時間、自我調整、選擇等

表5-2　針對特殊智慧發展的重要教法

◎ 語言智慧

不同類書籍	大組和小組討論
寫作活動	文字遊戲
講故事	有聲書
準備的和即席的演講	辯論
寫日記	齊聲朗讀和在班上個別朗讀
個人朗讀	錄音
使用文字處理系統	出版（設立班報）

◎邏輯／數學智慧

邏輯問題解答練習	邏輯難題和遊戲
創造法則	電腦程式語言
計算與定量	主題事物的邏輯序列呈現
分類與分等	啓發式教學法（含蘇格拉底式問答）

◎空間智慧

圖表、圖解、圖示、地圖	講富於想像力的故事
攝影	啓發想像力的幻想
視覺難題、迷宮	思維速寫
藝術欣賞	圖解符號
圖畫比喻	電腦圖示軟體
使用思維圖或其他視覺組織物	視覺錯覺
探尋各種視覺型態	望遠鏡、顯微鏡、雙筒望遠鏡
錄影帶、幻燈片、電影	畫—塗／電腦輔助設計軟體
3D 立體圖像	

◎身體／動覺智慧

創造性動作	身體放鬆練習
實地參觀	操作學習和手工
課堂劇場和模擬表演	競賽性與合作性的遊戲
身體意識練習	烹調、園藝及其他「會弄髒手」的活動
操作動作化	虛擬實境電腦軟體
概念動作化	體育活動
使用肢體語言／手勢溝通	觸覺材料和經歷

◎音樂／韻律智慧

概念音樂化	電腦音樂軟體
用鋼琴、吉他或其他樂器演奏	歌唱、哼唱或吹口哨
心情音樂	分組合唱
演奏打擊樂器	音樂欣賞
唱片分類目錄	旋律、歌曲、饒舌歌及吟唱
傾聽內在的音樂意象	把以前的歌曲與某個概念結合
超記憶音樂	為某概念設計一段新旋律

◎人際智慧

合作小組	人群雕像
衝突調解	同伴教學和跨齡輔導
小組出主意時間	學徒訓練
參與社區活動	學術性社團
模擬	以聚會或社交集會做為學習場合
電腦互動軟體（含網路溝通）	

◎內省智慧

獨立研究	情緒調整時刻
個人學習空間	個人計畫及遊戲
不同的作業選擇	一分鐘內省期
自我教育安排訓練	個人經歷的聯繫
培養自尊的活動	鼓舞／激發動機的課程
制定目標	寫日記

第三節
多元智慧教學的單元活動設計

　　任何教學方法的新型式均必須從計畫的改變著手，然後再進行實際教學、評估、修正、再教、再評估，以致建立教學的特殊型式。以下為一位美國國小教師所採用的多元智慧教案計畫（NEA, 1996, pp. 68-69）：

多元智慧單元設計教案

單元名稱：＿＿＿＿＿＿＿＿＿＿＿＿＿＿＿＿＿＿＿

單元目標：＿＿＿＿＿＿＿＿＿＿＿＿＿＿＿＿＿＿＿

　　學習活動：＿＿＿＿＿＿＿＿＿＿＿＿＿＿＿＿＿

　　語文／語言：＿＿＿＿＿＿＿＿＿＿＿＿＿＿＿＿

　　邏輯／數學：＿＿＿＿＿＿＿＿＿＿＿＿＿＿＿＿

　　視覺／空間：＿＿＿＿＿＿＿＿＿＿＿＿＿＿＿＿

　　身體／動覺：＿＿＿＿＿＿＿＿＿＿＿＿＿＿＿＿

　　音樂：＿＿＿＿＿＿＿＿＿＿＿＿＿＿＿＿＿＿＿

　　人際：＿＿＿＿＿＿＿＿＿＿＿＿＿＿＿＿＿＿＿

　　反省：＿＿＿＿＿＿＿＿＿＿＿＿＿＿＿＿＿＿＿

單元順序：＿＿＿＿＿＿＿＿＿＿＿＿＿＿＿＿＿

評量程序：＿＿＿＿＿＿＿＿＿＿＿＿＿＿＿＿＿

所需材料／資源：＿＿＿＿＿＿＿＿＿＿＿＿＿＿

　　以下為以「天氣」為單元主題的學習活動的設計例子：

智　慧	活　　　　　動
語文／語言	閱讀「它看起來像潑灑的牛奶」書。 寫一些句子的結尾：「它看起來像……。」
邏輯／數學	畫一個水循環的流程系統。製造一個呈現某一月份的天氣形態圖。分析所蒐集的資料。
視覺／空間	製作一組說明不同天氣的圖片。 以圖表和圖解展現資料。
身體／動覺	創造一個祭祀或祈福天氣精靈的「氣候舞」。
音樂／韻律	研究和製作不同的敲打工具。 創作一首曲調並教會他人。 創造一首內含天氣用語和概念的歌。
人　際	小組製作工具、蒐集資料、表演唱歌。
內　省	保留學習日誌。列出不同天氣狀況下喜歡從事的活動。

　　當教師完成多元教學計畫以後，如何將構想配合教學時間、資源條件和學生的程度則是另一新計畫的開始。基本上，讓學生從教師多元智慧教案活動中選擇配合其智慧能力優勢或興趣者是首要原則，然而教師也可另外建構統整不同智慧

的簡化型計畫；或者在教導一單元時針對某些特殊智慧的發展作優先選擇，然後在下一單元再優先選擇上一單元未實行的智慧發展。

多元智慧的教學設計除了教學活動的特殊安排外，教師亦應採用配套的班級經營和評鑑方法。此外，教師亦應設計語言溝通以外的傳達課堂規則和管教學生行為的途徑，例如採用圖示的、小組討論的、表演的設計型式。同時，為求取教學的活動設計和學習評量的緊密結合，多元智慧教學應多用個別化、情境式測驗和歷程檔案（process profolios）等方式實施。

第四節
結語：強化優勢智慧的問題

任何建立在深度知識基礎和社會—文化現實的新教育學說自然令人矚目，如何經營多元智慧的學校似乎成為當今教育改革的新模式。迦納認為他所主張的博物館學習模式才能挽救傳統學校斲傷兒童心智發展之虞，而且又能較適切的處理個別差異。迦納提出了對傳統教學的批評：

對於學習方式靈活的學生、背景與學習風格剛

好符合教師教學風格的學生，與能透過傳統教學方式（例如演講和教科書）學習的學生而言，這種想法並不構成問題。但有人就倒楣了：就是那些有心學習，但其個人的學習風格與智能卻不合乎一般教法的學生（陳瓊森譯，民 84，p. 304）。

針對上述的學校教學問題，各級教師應戮力安排多元的教學活動以適應不同學習風格的學生。除了引導父母和學生瞭解自身的心智特質（如透過多元智慧核對表）外，教師應審慎加強多元智慧的教學設計能力。然而，在此教師可能面臨一些兩難的情境：如鼓勵學生多用其優勢的智慧學習，是否未能開發其較弱勢的智慧？允許學生在多元智慧的單元教學活動下選擇是否將遺漏課本的重要內容？一完全的多元智慧教案如何在時間限制下實施？端此種種，有賴教師重新思考教育的本質，確實認識多元智慧發展的教育模式，並能結合志同道合的教師共同研究本土化的多元智慧教學設計，並期許學校裡沒有學習失敗的學生，學校外出現更多具特殊的／多元的智慧能力之社會成就者。

參考文獻

李平譯（民 85）。*經營多元智慧*。台北：遠流。

陳瓊森繹（民 86）。*超越教化的心靈*。台北：遠流。

Gardner, H. (1983). *Frames of mind: The theory of multiple intelligences.* New York: Basic Books.

Gardner, H. (1991). *The unschooled mind: How children think and hoow schools should teach.* New York: Basic Books.

Gardner, H. (1993). *Multiple intelligences: The theory in practice.* New York: Basic Books.

Gustafsson, J-E. (1997). Models of intelligence. In J. P. keeves (Ed.), *Educational researsh, methodology, and measurement: An international handbook* (2nd ed., pp.937-944). Cambridge, UK: Cambridge Univerocty Press.

Haggerty, B. A. 1995. *Nurturing Intelligences: A Guide to Multiple Intelligences Theory and Teaching.* Menlo Park, Calif.: Addison-Wesley Publishing Company.

NEA (1996). *Multiple intelligences.* National Education Association of the United States.

Spearman, C. (1927), *The ability of man: Their nature and measu-*

rement. New York: Macmillan.

Thurston, L. L. (1938). Primary mental abilities. *Psychometric Monographs,* No. 1. Chicago: University of Chicago.

附錄
學生的多元智慧核對表

語文／語言智慧

_____ 寫作能力高於同齡兒童

_____ 善於編寫難以置信的故事或善於講故事和笑話

_____ 善記人名、地點、日期或瑣事

_____ 喜歡文字遊戲

_____ 喜歡看書

_____ 書寫正確（若是學前，拼寫能力高於同齡兒童）

_____ 喜歡順口溜、雙關語、繞口令等

_____ 喜歡聽口述語言（故事、廣播、故事錄音帶等）

_____ 在同齡兒童裡語彙豐富

_____ 與人交流時，善用言語

其他語文／語言智慧表現：

邏輯／數學智慧

_____ 對於如何做事會問很多問題

_____ 快速心算（若是學前，數學概念高於同齡兒童）

_____ 喜歡數學課（若是學前，喜歡數數及其他與數字有關的

事物）

_____ 對電腦計算遊戲感興趣（如沒接觸過電腦，喜歡其他數學或算數遊戲）

_____ 喜歡象棋或其他策略遊戲（若是學前，喜歡圖板上數方格的遊戲）

_____ 喜歡邏輯難題或智力難題（若是學前，喜歡聽像《愛麗絲漫遊仙境》這樣的故事）

_____ 喜歡把事物分類或分等

_____ 喜歡做高度思考過程的實驗

_____ 思考方式比同齡兒童更抽象化、概念化

_____ 比同齡兒童對因果關係更有概念

其他邏輯／數學智慧表現：

視覺／空間智慧

_____ 可說出清楚的視覺意象

_____ 閱讀地圖、圖表比文字容易（若是學前，更喜歡觀看而不是閱讀）

_____ 比同齡兒童更喜歡想入非非

_____ 喜歡藝術活動

_____ 比同齡兒童畫圖畫得好

_____ 喜歡看電影、幻燈片或其他視覺上的表演

_____ 喜歡拼圖、走迷宮、「瓦爾多在哪？」（Where's Waldo?）或類似的視覺活動

____ 製作有趣的立體模型（樂高積木）

____ 閱讀時從圖畫而不是文字中獲取更多訊息

____ 愛在書本、紙張或其他東西上塗畫

其他視覺／空間智慧表現：

身體／動覺智慧

____ 擅長一種或多種體育運動（若是學前，身體技能超過同齡兒童）

____ 如長時間坐在一地會扭動、敲打或煩躁不安

____ 善於模仿他人的動作、言談舉止

____ 喜歡拆解，然後再組裝物品

____ 觸摸所見的事物

____ 喜歡跑、跳、摔跤或類似的活動（如年齡稍大，會有所「節制」，而表現出像拍打朋友、跑進課堂、翻跳椅子等動作）

____ 表現出手工技能（如木工、縫紉、機械等）或其他方面動作協調

____ 戲劇性地表達自己

____ 思考與工作時傳達出不同的肢體感覺

____ 喜歡粘土或其他用手觸摸的經歷（如手指畫）

其他身體／動覺智慧表現：

音樂／韻律智慧

____ 音樂走調或出錯時會告訴你

____ 記得歌曲旋律

____ 嗓音好

____ 彈奏一種樂器或參加合唱團（若是學前，喜歡玩打擊樂器和／或參加合唱團）

____ 講話和／或移動時很有節奏感

____ 無意識地自己哼唱

____ 做事時在桌上打節拍

____ 對外界噪音很敏感

____ 喜歡聽音樂

____ 唱課外學來的歌曲

其他音樂／韻律智慧表現：

人際智慧

____ 愛與同伴交流

____ 似乎是天生的領袖

____ 給有問題的朋友建議

____ 在校外似乎很聰明

____ 是俱樂部、委員會或其他組織的成員（若是學前，經常是群體的一部分）

____ 喜歡非正式地教導其他孩子

____ 喜歡與其他孩子一起玩遊戲

____ 有兩、三個好朋友

____ 關心他人

____ 他人願讓其陪伴

其他人際智慧表現：

內省智慧

____ 獨立、意志堅強

____ 清楚了解自己的優缺點

____ 可以獨處玩耍或學習

____ 生活和學習方式與眾不同

____ 不善談自己的興趣愛好

____ 自我目標明確

____ 喜歡獨立工作而不是合作

____ 準確表達自己的感覺

____ 能從生活的成功和失敗中學習

____ 擁有高度的自尊

其他內省智慧表現：

第六章

學習策略的教導

學習困擾是目前我國大學生、高中生和國中生均感受的嚴重困擾所在，尤其對國中生而言，他們對學業問題的擔心遠超過對生活的性向和其他方面的憂慮，如根據臺中縣大雅國民中學（民70）對一年級學生調查「影響學習原因」的報告中指出，「我擔心學業成績太低」是國中生在三十七項題目中感到最為困擾的第一位，選擇此項人數比率佔課查人數的59.5%；「我平時沒有溫習舊功課的習慣」是國中生感到困擾的第六順位原因，選擇比率為 49.9%；「上課前我沒有預習」則列為第九順位原因，選擇比率為40.8%。由上述的調查可瞭解學生認為學習表現的高低，主要是個人行為的和心理的因素，而非學校或教師的因素。另一有關國中學生學習困擾探討與研究（劉月琴等，民71）的報告亦指出，在十大類（學習觀念、學習態度、學習習慣、學習方法、學習能力、身心適應、課程教學、學習興趣、學習時間及學習環境）的問題中，國中二年級學生最感困擾者在於學習方法和學習習慣兩項上，國中生認為他們到考試才讀書，沒有複習或預習功課，以及自己不夠努力均是他們的主要通病，由此可知國中生均希望能改進他們的讀書習慣與方法，增加他們研習功課的時間。

學習者「如何學」和他們「學習如何去學」是晚近教育心理研究的重要課題之一，其重點除了分析學習者究竟使用了那些學習技巧或策略以進行學習外，並試圖發展出某種理

想的訓練方案以提高學習成就。大多數教育研究者和教師均一致體認，學業成就除了由教學促成外，並須依靠學習者自我學習策略的運用。成績表現較好的學生通常均擁有較佳的學習技巧，而成績表現失敗的學生通常並不是由於能力因素所造成，而是由於缺乏如何組織、統整和保留所學的知識所造成（Gadzella, 1985）。本章將以學習策略的界定、學習策略的診斷工具、以及學習策略的輔導等為章節的主要內容，除了統整國內外有關學習策略方面較新的文獻外，期能提供給有意訓練所教學生學習策略的教師一些具體的參考資料。

第一節
學習策略的界定和重要性

自認知心理原理被積極應用在教育領域以來，「學習策略」（learning strategies）即取代了早期像學習方法、學習習慣、讀書記憶術、學習技巧……等等名詞。發展至今，許多認知心理研究者對學習策略所下的定義相當分歧，基本的學習策略（primary learning strategies）似乎代表了人類認知上的訊息處理（information processing）思維，如學習者接觸到資料（訊息）時，對資料的登錄、組織、精緻化、記憶等運作。然而，就一般學生對學校課程的學習而言，學習策略被

視為學習者針對某一特定學習目標，主動操弄訊息以促進學習效能的活動（Meyer, 1985），其內在心理活動可能包括學習者所運用的思維的複誦策略、組織策略、精緻化策略，外在可察覺的行為如：劃課文重點、上課做筆記、專心術、運用考試技巧等，而這些外在的學習行為通常被稱為「支援的學習策略」（support learning strategies）。早期訓練者對學生學習或讀書技巧（study skills）的訓練，通常指的是支援的學習策略。認知心理學者在基本的和支援的學習策略之外，又提出了一種所謂統合的學習策略（metacognitive learning strategies），亦有稱為後設認知策略，主要乃指學習者能對其使用的基本的或支援的學習策略加以監控、考驗現實、調整計畫等等。一個學習者的統合的學習策略，包括統合認知覺知（metacognitive awareness）、統合認知知識（metacognitive knowledge）和執行控制（executive control）（Brown, Armbruster & Baker, 1986；Garner, 1987；Flavell, 1979）。

「統合認知覺知」指學生對自己做為學習者的瞭解程度，如他是否能將學習配合他個人的、職業的和社會的目標？他自己的動機如何？「統合認知知識」是指個體除了具有統合認知覺知外，他也對自己所學的教材、學習策略及特殊的學習技巧有所瞭解，如：什麼是他學得好和學得不好的科目？什麼時間是他一天中讀書最有效和最無效的時間？不同的學習任務需要如何去思考行動？對於需應用一組原則的學習任務

是否要記住全部的課文內容？學習者覺知自己具備了多少精
緻化運思、專心或減低考試焦慮的能力。「執行控制」是指
個體計畫、實施、偵查、評量認知活動的能力，當個體在運
作執行控制之認知思考時，他必須結合認知覺知和統合認知
知識的思考運作，是故個體不僅努力去完成指定作業，並決
定了如何完成作業的手段，何者應該花多少時間、運用何種
學習的深層方法解決問題等等。因此，由認知心理學的觀點
可知，具有較佳學習技巧的學生與他們是否運用高層次統合
認知歷程有很大的關係。

　　許多研究學習策略的教育學者均傾向於將學習策略區分
為像上述三至四種不同型式的策略，如 Weinstein 和 Under-
wood（1985）即將學習策略分為四類：一是以統整和組織資
料為主的訊息處理策略；二是以結構訊息重點為主的學習策
略（study strategies）；三是以考試技巧和時間計畫為主的支
持策略；四是以檢視閱讀理解為主的統合認知策略（metacog-
nitive strategies）；Jonassen（1985）亦做類似的分類。

　　綜合上述，學習策略可包括三種策略：基本的學習策略、
支援的學習策略和統合認知的學習策略。然而學習策略尚有
其他的分析法，如分為一般的學習策略和特殊的學習策略，
前者如：學習任何材料均可能應用的複誦策略、組織策略、
精緻化策略等，後者則是學習特殊教材所用的特殊策略，如：
針對寫作、數學、科學等課程的學習技巧。一些國內外學者

指出學習方法、學習習慣與學業成績有顯著相關（Brooks & Heston, 1945; Brown & Holtzman, 1955; Cater, 1961; Micheal & Reeder,1952; 許佩玲，民 77；楊國樞，民 62），也有許多研究者指出學習技巧的教導，顯著的影響學生學習行為、動機和成就（Briggs, Tosi & Morley, 1971; Brown, 1974; Brown, Wehe, Zunkerand & Haslam, 1971; Gadzella, Goldston & Zimmerman, 1977; Gadzella & Cochram, 1979; Gadzellz, 1980; Trimble & Altman, 1970）。由此可知，學習技巧是學習而來，具有可塑性，可提高學習效率與學習成績。國外的學習技巧訓練方案，對象由大學生開始（Brown, 1964; Gadzella, 1980, 1981），後來逐漸轉至中學生（Beal, 1981; Castagna & Codd, 1984; Wilson,1986），最後，也發展出訓練小學生的學習技巧或考試技巧的課程（Burkle & Marshak, 1980; Cole, 1970; Petercsak, 1986），並且認為學習技巧是發展性的，孩子在早期的求學階段，就必須被教導，在往後的求學過程中再逐漸發展和修飾（Tobin, 1988）。在這資訊爆炸的時代，的確需要使孩子「學習如何學」，即教其釣魚，而非只給他魚吃。當孩子成為主動的學習者，他才能對自己的學習負責，因此在國小的基礎教育階段，就應適時的教導學習技巧。

第二節
學習策略的診斷工具

　　由於瞭解學習者的特質有助於教與學的設計以促進學習
結果，因此在過去二、三十年中，教育心理研究者對於發展
有關學習策略的診斷工具不遺餘力，根據耶魯大學 Norris
（1986）的文獻回顧與分析，認爲至今現存的學習策略診斷
工具可分爲四類，包括：

一、以行爲分析爲主的工具

　　研究者注重外在的（環境的）和可觀察的行爲與有效學
習的關係，因此工具中的題目注重學習者的時間安排、記筆
記、劃重點、讀書地點的選擇等等。最著名的診斷工具以
Brown 和 Holtzman（1956, 1967）所發展的「學習習慣和態度
調查表」（Survey of Study Habits and Attitudes），包括大學
生版本和中學生版本，此調查表的最近版本內容約有一百題，
分爲四個因子：延宕逃避（delay advoidance）、工作方法
（work methods）、教師的贊同（teacher approval）和教育的
接受（educational acceptance）。國內賴保禎（民 69）以上述

學習習慣和態度量表為依據，修訂了一學習態度測驗，至今在國內仍廣被使用，此量表的因子包括學習方法、學習計畫、學習習慣、學習環境、學習慾望、學習過程、準備考試及考試技巧等八個因子。

二、以認知分析為主的工具

研究者以訊息處理的學習歷程說為依據。診斷工具的發展在評估學習者學習教材所用的認知策略，如他們是否使用了影像思考、文字潤衍、分組和對學習情境的認知組織等。此派以 Schmeck、Ribich 和 Ramanaiah（1977）的「學習歷程量表」（Inventory of Learning Process）為代表，此量表所包括的因子有四：綜合—分析（synthesis）、學習（study method）、事實資料的保留（fact retention）和潤衍歷程（elaborative processing）等。

三、以動機分析為主的工具

研究者著重學習者情意和人格特質對學習的影響。此派又可分為以診斷焦慮層面和以診斷歸因層面為主的工具類別，前者在評估學習者對考試的負向感覺狀況，如Suinn（1969）的「Suinn Test Anxiety Scale」以及Gallassi、Frierson和Shore

（1981）的「The Checklist of Positive and Negative Thoughts」。歸因論者的學習技巧診斷工具認為學習者對其成就的歸因影響其學習行為，他們對學習的成功或失敗可能偏向內在歸因如能力或努力，也可能偏向外在歸因如運氣、教師、工作難度等因素，較有名的工具如 Corno、Collins 和 Copper（1982）所發展的「Academic Performance Attribution Scale」。

四、以認知──動機為主的工具

研究者假設學習是認知歷程和動機狀態的互動，所發展的工具以診斷與學習有關的多重層面為目的，最著名的是美國德州奧斯丁大學的 Weinstein（1982）所發展的「學習和讀書技巧量表」（The Learning and Study Skills Inventory），此量表包括十個因子，有態度、動機、時間管理、焦慮、專心、訊息處理、選擇要點、學習輔助術（study aids）、自我測驗、考試技巧等層面。

近幾年中，在國內已出現一些較新的不同年齡層學習策略的診斷工具，茲列出如後：

㈠學習與讀書策略量表——
大學生版、高中（職）生版和國中生版

大學生版（民 80）的來源是修訂美國德州大學奧斯汀分校（University of Taxes at Austin）C. E. Weinstien 教授之「Learning and Study Strategies Inventory」。主要因子包括：態度、動機、時間管理、焦慮、專心、訊息處理、選擇要點、學習輔助術、自我測驗、考試策略、解決學習困難策略（中國行爲科學社，民 80）。

高中（職）生版於民國八十四年完成編製工作，共包括因子：學習態度、學習動機、專心、閱讀與考試策略、時間管理、自我測驗、焦慮、訊息處理和解決學習困難。

國中生版（民 82）的主要因子爲：態度與動機、專心、時間管理、訊息處理、閱讀理解、解決學習困難策略、自我測驗、考試策略、焦慮。

㈡學習適應量表

陳英豪、林正友、李坤崇編製，國小四年級至國中三年級學生適用，由心理出版社出版（民 80）。

主要因子包含：學習方法、學習習慣、學習態度、學習環境、身心適應。

㈢學習方法效率量表

吳新華編製，國小四至六年級學生適用，由心理出版社出版（民 79）。

主要因子包含：學習的計畫、學習的方法、計畫的實行、學習意願、生活習慣、學習習慣、學習環境、上課前的準備、筆記的方法、發問的方法、上課中的態度、應試的方法、答案的利用。

第三節
訓練學習策略之不同型式

透過有計畫的正式教導，是當今改進學習技巧的教育手段。根據時間的先後出現順序，訓練學習技巧的教學模式依序為教師指導式、書本或手冊式和電腦教學式等三個主要模式。較早被發展的模式並未完全被淘汰，它們仍與新的模式並存，使教學設計者能從較多的模式中做選擇或採取多重模式策略。茲將此三種模式介紹如下：

一、教師指導式或團體輔導式

　　學習技巧可被視為像英文、數學、化學、公民等科目課程，由教師像講解上述的一般課程一樣，用較直接說明的方式教導學生。教師可描述什麼是學習技巧，為什麼需要特別被教導學習技巧的理由和好處，如何使用一些有效的學習技巧和應用時需注意的事項等等。這種教導除了正式講授外，也可能由任課教師在課堂上以偶發學習（incidental learning）的方式執行，或者因為學生的特殊需要，由家教加以指導和示範。亞當斯（Adams, 1982）曾經設計一為期四天，每天三十至四十分鐘的課程，以訓練小學五年級學生的學習技巧。學生個別地被教導應用一特殊的步驟閱讀，此步驟包括瀏覽大標題、背誦次標題、提出配合每一次標題的發問、閱讀重要的資料內容、重新閱讀次標題和背誦重要細節，以及複習重點等六個程序。教師首先以實際的上課教材示範如何應用上述六程序，學生再練習教師示範的技巧，並在練習過程中得到教師的回饋。

　　教師有時運用行為心理學派的行為改變技術（behavior modification）以改進學生的學習技巧。除了教師的教導以外，並注重學習者應用自我控制（self-control）的方式以達到較佳的效果，訓練的課程可能包括結構式的團體諮商、自我檢查

（self-monitering）、系統化減敏感訓練、自我教導和自我增強等（Groveman, et al., 1975），如自我教導的方法之一是訓練學生對自己說一些鼓勵的語言，如「假如我用功讀書，就能提高分數，我應馬上就開始讀書」。並訓練學生去打斷負向的思考。自我增強是訓練學生如何選擇一種自我獎勵，如在讀一段艱難的課文後，可看一個自己喜歡的電視節目。

教師亦可使用同儕互助的方式以完成所欲達到的目標。Dansereau（1988）即將他原本以個別學習為主的手冊，有進一步發展成合作式學習的可行性。他所發展的閱讀和學習的策略稱為MURDER（代表的英文字為mood, understand, recall, detect, elaborate, review），即準備、理解、回憶、檢查、潤衍和複習的行動。在合作式學習的情境下，是先要求每個學生閱讀約二百至五百字的材料內容，在每組二人的同儕學習團體中，由一個學生負責記憶和口頭報告教材重點的任務，另一個學生則扮演聽者和催化者，糾正第一個學生回憶上的錯誤，並加強所學習教材的組織。上述的安排使兩個學生分工合作完成了 MURDER 的學習歷程。Dansereau 的研究發現，這種將學習策略融入教材學習的合作式學習型式比個別的學習型式效果好，學生在材料吸收上出現更佳的表現。

在國內有為數不少以小團體輔導型式進行的實徵研究，例如董力華（民81）以高中生為對象，其課程以考試焦慮和多項學習技巧為主；李咏吟（民79）以國中生為對象，其課

程以時間計畫、專心、閱讀理解方法、主科讀書方法為主；孫中瑜（民79）和林素妃（民81）專以國小學生為對象，其課程以習慣與態度的改進、專心、記憶方法、抓取課文重點、閱讀理解、準備考試和考試技巧等等為主。雖然上述的研究尚未找出訓練課程對提高學生學業成績的顯著效果。茲僅各舉一個從參與小團體輔導的成員在回饋問卷中，對他們最有幫助的課程單元內容，詳細加以介紹如下：

【例一】第六單元　應考技巧

（高中生適用）（引自董力華文）

一、目標

㈠了解如何針對不同題型運用不同的答題技巧。

㈡了解如何分配答題時間。

㈢了解考前複習的策略。

二、活動內容

㈠討論上次家庭作業實施的情形與心得。

㈡學習考前溫習的方法：

領導者說明考前溫習可以配合所做的筆記進行重點回顧，並可利用筆記幫助了解那些部分的內容還不熟悉。除了筆記之外，再介紹其他的方法，如：做測驗卷、從以往平時考錯的部分開始複習……等。除此之外，再請成員提供自己考前溫習的方法。

(三)學習考時答題的策略：

　　領導者說明考時如何依各種題型的配分及難度，來分
　　配答題的時間。然後提供試卷請成員練習安排各題型
　　的做答時間。

(四)討論所運用的猜題及做答技巧：

　　領導者介紹是非題及選擇題的猜題方法，以及申論題
　　如何發揮。然後請成員提供自己的猜題及做答技巧。

(五)填寫「單元回饋表」。

三、作業

　　記錄所運用的應考技巧與效果。

【例二】如何促進讀書時的專心

　　　　　　　　　　　　　　　　　　　　（國中生適用）

一、引導成員認識影響專心的因素。

二、幫助成員瞭解促進專心的方法。

三、成員描述自己分心的時、事、場所。

四、促使成員分析影響分心的因素。

五、練習簡易專心術：

　　(一)使用自我語言。

　　(二)奇妙的筆：

　　　　1.用筆引導所看的文句。

　　　　2.在課文重點下畫線。

3.在課文旁的空白處寫重點或感想。

【例三】寫作教學──計畫階段

在「產生文思」的目標上，為協助學生發揮豐富的想像力，教師可採取的策略如下（陳鳳如，民84，p.115）：

一、上課作筆記有什麼好處？

　　㈠增進注意力、幫助我發現老師講課的要點。

　　㈡把重點寫下，能增加印象，容易記憶。

　　㈢可以幫助考試的準備。

二、上課作筆記的方法：

　　㈠老師另外的補充題或材料，可記在課本空白處或自己的筆記簿上。

　　㈡選擇適合自己的筆記方式（圖解或大綱式）。

　　㈢主動的聽，想像老師在說些什麼，並且和自己以前學習的相聯結。

　　㈣全心全意的聽，並找出要點，用自己的話記下關鍵字詞或成語。

　　㈤老師提醒你必須知道的事，一定要記下來。

二、書本式或手冊式

自Frank Robinson（1946）介紹著名的以促進教科書和閱

讀效果的 SQ3R 以來，學術研究和一般書坊出現了很多針對增進學習技巧的手冊和書本，每一個閱讀式的教材內容均企圖以某種簡單的公式代表學習的法則。早期手冊式的資料均以大學生為對象，乃由於許多大學生無法應付大學的新學習型態而希望找到這類的工具書，因此坊間紛紛出現了介紹學習技巧的參考書。現在這種工具書已不限於以大學生為對象，並且數量和種類相當多，不勝枚舉，僅舉二例如下：

【例一】英文的「超」學習法

（引自野江悠紀雄，民 84，p. 97-98）

〔整理〕英文的「超」學習法

一、學習英文時，只要把教科書完全背起來即可。大約朗讀二十次就能背好。如果覺得教科書無聊，就背自己感興的書。

二、先解析英語，再去對應本國語的「分解法」，是錯誤的學習方法。
　　㈠英語和本國語並非一一對應。
　　㈡零散而個別地背單字會記不住。
　　㈢使用分解法，無法將英文的表達方式和用法化為己有。
　　㈣分解法枯燥乏味而無聊。覺得英文無趣的學生會有這麼多，大部分的問題皆出自分解法。

三、即使是為了聯考而讀英文，完全背誦法也足堪使用。

四、對商人而言，今後英文的重要性會越來越大。會使用英
　　文的話，世界就會擴大許多。

　㈠聽英語電台的新聞。電影的英文不適合當教材。

　㈡在網際網路的時代裡，英文的書寫會變得很重要。

【例二】單元：記憶力的增強

（引自李泉譯文，p. 50）

　　於是科瑞克他們認為，記憶是將被記憶的材料做某種處
理後再儲存在大腦中的過程。並舉出了記憶處理的三種類型
（每種處理都一一對應於上面實驗中所提出的三個問題）：

　㈠機械的處理：即詞形形態上的處理。包括字母的大、
　　　小寫，拼讀的難易等。

　㈡音響的處理：即語詞音韻上的處理。也就是怎樣讀。

　㈢意思上的處理：即語詞是什麼意思。

　　三種處理，依次從機械上的處理到音響上的處理，再到
意思上的處理，處理的程度逐漸加深。因此，記憶的情況是
根據這種處理的深淺程度，換言之，就是根據採取那種處理
方法而定的。也就是說，處理的越深，記憶的就越好。

　　在記憶中，對記憶材料處理的深淺程度被稱作「處理水
準」。因記不住而困惑的人，正是因為沒有把握記憶的這種
特性，因而即使反反覆覆地重複仍是得不到理想的結果。反
之，如果好好地理解了記憶材料的內容（意思），那麼記一

次也會長久不忘的。

三、電腦教學式

　　目前在歐美很多大學裡，均積極發展在電腦上提供診斷學習技能和問題、改進閱讀技巧和學習技巧等服務。在學習輔導上，最初電腦輔助教學被應用於個別學習者基本資料的建立，其中以學業的、態度的和社會的有關測驗分數為主，如各學科考試成績、智力測驗分數、自我概念測驗分數等，均是問題診斷的重要資料依據，然而診斷後的複雜處方則少見於 CIA 上，仍然由教師或諮商員處理。近年來，由於人工智慧（artificial intelligence）的發展，電腦輔助教學的軟體出現了很多診斷—處方的適性教學設計，其中包括了電腦化的改進學習技巧之處方軟體（Brown, 1974; Farhand & Rice, 1987），使學習者透過對話式的、練習式的和個別式的學習運作系統，獲得增進其學習技巧的機會。茲以國內外兩個電腦化方案的一些畫面說明之：

【例一】單元：瞭解課文

（引自 Farhand & Rice, 1987）

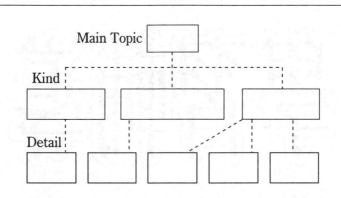

A. Pickleweed
B. the saltbush
C. rice
D. used as livestock food
E. Promising halophytes
F. used in making flour

G. used as a salad ingredient
H. protein comparable to alfalfa
I. underground reservoirs
J. Palmer's Grass
K. a way of getting excess salts
   out of it must be found

Choose the best statement of the main topic of paragraph four (the paragraph beginning "The staff at the Environmental Research Lab……") .

說明：學習者在看過其手上的書面資料後，電腦出現結構的空格，並要求學生由上至下、由左至右一一填入螢光幕上所提示的 A 至 K 所指的意義。

【例二】改進國中生學習技巧之電腦化方案

（引自李咏吟，民76）

教材設計者：李咏吟　老師

程式設計者：林振盛　老師

　　　　　　鄭經獻　張富強　郭東茂

支 援 單 位：國立彰化師範大學　國家科學委員會　教育部

製 作 日 期：七十八年　十二月

8.你希望下次考試總分能夠進步

　⑴ 1-5 分。

　⑵ 5-10 分。

　⑶ 10-15 分。

　⑷ 15 分以上。

　請選擇正確的答案。

祝你有志者事竟成。

請按任何字鍵繼續下一個畫面

	幾乎一 定如此	常常 如此	偶而 如此	從未 如此
1. 我很在意自己在班上的成績。	[1]	[2]	[※]	[4]
2. 我害怕功課退步。	[1]	[※]	[3]	[4]
3. 我認為學校所教的科目內容不值得學習。	[1]	[2]	[3]	[※]
→4. 我發現自己在學期開始不久就已經對讀書不感興趣。	[1]	[2]	[3]	[4]
5. 我試著在各科目上均獲得好成績，不論科目的難度或喜歡的程度。	[1]	[2]	[3]	[4]

現在請做第 4 題，請選擇你認為和你情況較符合的答案。【_】

這裡有改進你的學習習慣方法和練習教材，共有以下幾個項目讓你選擇：

(1)擬定時間計畫。

(2)如何專心。

(3)讀書方法要訣。

(4)讀主科（國、英、數）的技巧。

(5)你有相同的問題嗎？

(6)結束。

你將選擇看上述四項的那一項內容？

請打出標號：

【英文】

　讀英文時，多出聲朗讀。

你有這個原則嗎？
(1)從未用過。
(2)偶而使用。
(3)常常使用。
請選擇你的答案！＊＊＊

第四節
學科取向的學習策略之輔導

　　相對於第三節所述之一般性學習策略的輔導，另有一派的研究者主張學科取向之學習策略的輔導，他們質疑一般性學習策略的訓練效果，並認為訓練時應將學習策略課程融入學科內容之中。由於學科教材的特質影響學習者在學習所應把握的運思策略，因此在學科取向的學習策略輔導上，數學科以解題能力的訓練為主，語文科以閱讀理解和記憶術的訓練為主，科學課程以概念原則的學習法為主。茲舉三例如下：

【例一】在數學課程中教導解題之過程

（引自國小六年級數學科第九單元）

有 200 個氣球，像下圖一樣，從最左邊開始，按著紅、黃、藍、綠的順序排列著。那麼第 168 號的氣球是什麼顏色的？

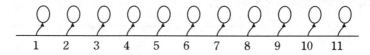

一、先簡化問題（用列表的方法）

把前 25 個氣球照下圖排列：

紅：①⑤⑨⑬⑰㉑㉕

黃：②⑥⑩⑭⑱㉒

藍：③⑦⑪⑮⑲㉓

綠：④⑧⑫⑯⑳㉔

二、再分析表中的規律

㈠相同的顏色，每隔幾號就重複出現一次？為什麼？

㈡查查看，第二直排中的各號分別比 4 號多多少？第三直排中的各號分別比 8 號多多少？

㈢依照號碼順序，每四個分成一組，查查看，各直排的號碼中，有什麼共同的規律？

　　紅：5÷4 ＝ 1 餘……1　　　　　9÷4 ＝ 2 餘……1

黃：$6 \div 4 = 1$ 餘……2　　　　$10 \div 4 = 2$ 餘……2

藍：$7 \div 4 = 1$ 餘……3　　　　$11 \div 4 = 2$ 餘……3

綠：$8 \div 4 = 2$ 餘……0　　　　$12 \div 4 = 3$ 餘……0

三、最後，回到原問題來看看，該怎麼算？

【例二】

(1)寒流（潮）　　(2)梅雨

⇒冬季　　　　　　(3)颱風

⇒西伯利亞冷氣團　⇒熱帶海域

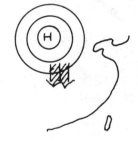

　　　　　　　　　⇒①水汽②熱量

　　　　　　　　　⇒低氣壓

　　　　　　　　　⇒暴風半徑　數百公里

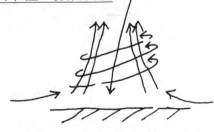

例：

⇒颱風中心在甲時恆春吹╱風

⇒在乙地時高雄吹╱風

　　　澎湖吹←風

⇒在丙地時澎湖吹→風

　　　彰化吹╱風

(5)鋒面

　　⇒兩氣團的交界面

(甲)冷鋒　　　　　　　　(乙)暖鋒　　　　　　　　(丙)滯留鋒

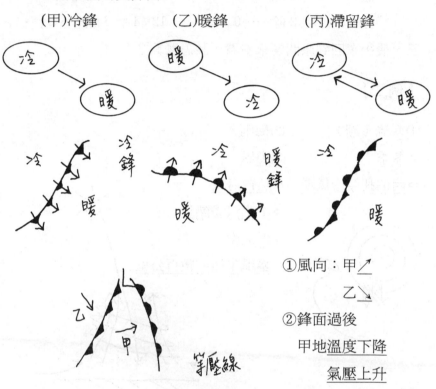

①風向：甲⤴

　　　　乙⤵

②鋒面過後

　甲地溫度下降

　氣壓上升

【例三】在科學課程中教導學習者用結構式塡圖法以促進教材的意象與組織高低等植物的傳播方式

種　　類	繁　　殖	傳播媒介	實　　例
低等植物			
高等植物			

結語

　　對任一個體而言,其終身所需學習的材料不僅量多且很繁重。如果每一個體皆能成為有效能的學習者,則大大減輕教師和家長的責任。高效能的學習者通常能夠採用較好的學習策略和方法以應付學習事物,因此,訓練學習策略應成為學校課程的一環。本章已指出目前在國外輔導學生學習策略的不同模式與成效,國內在發展學習策略的診斷工具上已見成果,然而在輔導方案的驗證上則尚不足。筆者相信一般性的學習策略輔導和學科取向的學習策略輔導可相輔相成,關鍵在於教師如何根據所教對象的問題與需要而設計。教育的措施如果能提高學生的後設認知能力,則學習者較能積極的、主動的、有效率的學習,他們知道如何釣魚,而不是等著大人餵魚,如是則教導者和受教者皆蒙其利。

參考文獻

大雅國中(國70):學習困擾學生輔導效果評量報告。輔導月刊,17(5、6),34-41。

李咏吟（民 79）：改進國中低成就學生學習技巧之團體輔導模式。彰化師大輔導學報，13，53—73。

李咏吟（民 76）：國中生學習行爲的診斷與電腦化計畫。行政院國家科學委員會科學與技術人員進修報告。

李咏吟（民 80）：學習與讀後策略量表——大學生版。臺北：中國行爲科學社。

林清山譯（民 79）：教育心理學認知取向。臺北：遠流。

孫中瑜（民 79）：學習輔導方案對國小低成就兒童輔導效果之研究。國立臺灣師範大學教育心理與輔導研究所碩士論文。

野口悠紀雄（民 85）。超學習法。台北：星光。

劉月琴、陳秀麗、王秋蘭、黃秀娟、林明玉（民 71）：國中學生學習困擾探討與研究。國立臺灣教育學院（未發表）。

賴保禎（民 69）：學習態度測驗指導手冊（四版）。臺北：中國行爲科學社。

Beale, A. V. (1981). Developmental guidance : The counselor in the classroom. *NASSP Bulletin, 65,* 51-59.

Burkle, C. R., & Marshak, D.A (1980a). *The study skills program, level I, student text.* ERIC ED 252 832.

Briggs, R. S., & Tosi, D. J., & Morley, H. M. (1971). Study habits modification and its effects on academic performance : A behavioral approach. *The Journal of Educational Research, 74,* 347-50.

Brooks, F. D. & Heston, J. C. (1945). The validity of items in a study habits inventory. *Journal of Educational Psychology, 36,* 257-270.

Brown, W. F. (1964). *Effective study test.* San Marcos, TX : Effective study materials.

Brown, W. F. & Holtzman, W. H. (1955). A study attitude questionaire for predicting academic success. *Journal of Educational Psychology, 46,* 75-84.

Brown, A. L., Armbruster, B. B., & Baker, L. (1986). The role of metacognition in reading and studying, In J. Drasanu (ed.). *Reading comprehension from research to practice* (pp. 49-75). Hillsdale, NJ: Erlbaum.

Brown, W. F., Wehe, N. O., & Zunker, V. G., & Haslam, W. L. (1971).Effectiveness of student-to-student counseling on the academic adjustment of potential college dropouts. *Journal of Educational Psychology, 62* (4), 285-289.

Gallassi, J. P., Frierson, H. T., & Sharer, R. (1981). Behavior of high, moderate and low test anxious students during an actual test situation. *Journal of Consulting Clinical Psychology, 49,* 51-62.

Gastagna, S. A., & Codd, J.M. (1984). High school study skills : Reasons and techniques for counselor involvement. *The School Counselor, 32,* 37-42.

Cole, C. G. (1979). A group guidance approach to improving students' study skills. *The School Counselor, 27* (1), 29-33.

Corno, L., Collins, K. M., & Cooper, T. (1982). Where there is a way, there is will : Self-regulating the low achieving students. ERIC 222 449.

Dansereau, D. F. (1988). Cooperative learning strategies. In C. E. Weinstein, E. T. Goetz, & P. A. Alexander (eds.). *Learning and study strategies : Issues in assessment, instruction, and evaluation.* NY : Academic Press.

Flavell, J. H. (1979). Metacognition and cognitive monitoring : A new area of cognitive-developmental inquiry. *American Psychologist, 34,* 906-911.

Gadzella, B. M. (1980). A comparison of CAI and class instruction on study skills. Paper presented at the annual meeting of Southwest Educational Reserch Association. ED188 599.

Gadzella, B. M. (1981). A CAI study skill program. Paper presented at the annual meeting of the Rocky Mountain Educational Research Association. ED 211059.

Gadzella, B. M., Goldston, J. T., & Zimmerman, M. L. (1977). Effectiveness of exposure to study technigues on college students'perceptions. *The Journal of Educational Research, 71,* 26-30.

Garner, R. (1987). *Metacognition and reading comprehension.* Newwood,NJ : Albex Publishing Company.

Havnes, N. H. (1986). Review of the perspectives underlying study skills research with special emphasis on three motivational dimensions: Self-esteem, performance attribution and anxiety : A rational for the self-assessment questionnaire. ERIC 283909.

Jonassen, D. H. (1985). Relating cognitive styles to independent study. *International Journal of Instructional Media,* 12(4), 271-281.

Mayer, R. E. (1985). Learning in complex domains : A cognitive analysis of computer programming. *Psychology of Learning and Motivation, 19,* 8a-130.

Petercsak, S. J. (1986). *Study skills : A resource book.* ERIC ED 193090.

Suinn, R. M. (1969). STABS, a measure of test anxiety for behavior: Normative data. *Behavior Research Journal, 7,* 335-339.

Tobin, C. D. (1988). Study skills : The independent learner. ERIC ED300 110.

Weinstein, C. E. (1982). Training students to use elaboration stra-
    tegies. *Contemporary Educational Psychology, 7,* 301-311.

Weinstein, C. E., & Underwood, V. L. (1985). Learning strategies.
    The how of learning. In S. Segal, S. Chipman, & R. Glaser
    (Eds.). *Relating instruction to basic research.* Hillsdale, NJ :
    Lawrence Erlbaum.

Wilson, N. S. (1986). Counselor interventions with low-achieving
    and underachieving elementary, middle and high school stu-
    dents : A review of the literature. *Journal of Counselor and
    Development, 64,* 628-634.

第七章

前導組體的
設計

大衛奧斯貝（David P. Ausubel）與傑隆布魯納（Jerome Bruner）一樣，被認為是代表認知學派的教育心理學者。相對於布魯納的發現式教學，奧斯貝主張註釋式教學（expository teaching），並在具體的教學策略上以提出前導組體（advance organizer）的概念著稱。

奧氏在教育心理學上所建立的理論乃源於對行為心理學理論及發展心理學說的懷疑，而認為人類的學習是一種內在的思考組織活動，兒童亦如成人，主要以抽象形式為思考工具；新經驗學習必須建立於舊經驗的學習上。

第一節
學習的基本歷程──意義學習

行為心理學派主張學習是一種機械的、無目的之重複練習，個體在環境操作中因某一或某些刺激份子和某一或某些反應份子直接產生聯結，在學習時並無某種認知的心理組織（cognitive structure）存在。奧斯貝強烈反對此種學習歷程的觀點，而認為學習是有意義的，新的知識技能必須基於個體已存在大腦的神經系統組織（認知結構）才能吸收，並減少了行為學派訓練方法中常有的正溯的（proactive）和逆溯的（retroactive）干擾。奧氏對認知結構（cognitive structure）

的解釋是個體對某一特殊教材的一種有組織、穩固及清晰的
認知，而影響了對新教材的意義學習和保留（Ausubel,
1963）。個體的認知結構不斷的操作活動，將較雜亂的次概
念（subconcepts）或較特殊的訊息資料加以統合（sub-
sume），使成爲有層次的組織結構，個體也因此才得以暫緩
積極的操作。認知統合的歷程又可分爲兩個階段：第一階段
是訊息操作的方向、聯結及分類等之活動；第二階段是將多
量的訊息項目遞減成較少量的類化項目（generalized
items），這種遞漸過程又稱爲概念的形成（concept forma-
tion）。由於上述的主張，奧氏的學習觀被稱爲統合理論（sub-
sumption theory）。

　　奧氏對學習的解釋似乎以人類爲對象，並以學校的學習
爲焦點。他認爲影響意義學習的基本要素有二：一是個體已
存在的知識結構之數量、清晰度和組織如何，亦即所謂的意
義學習的心向（meaningful learning set）；換言之，即個體在
學習某一教材時是否將必要的知識存於與該教材學習有關的
特殊認知結構之中；二是所要學習的教材特質或潛在的意義
性（potential meaningfulness）如何促進學習者對新教材內容
的吸收。在此奧氏強調個體所已存的知識最好能夠與新的教
材產生非絕對的（nonarbitrary）和根本的（substansive）關
聯，亦即他所指的邏輯的意義性（logical meaningfulness）。
所謂「非絕對的」乃指新教材是個體已存知識的一部分，而

「根本的」乃指個體學習時其已存知識與新教材的聯結不受固定文字的限制（Ausubel, 1963）。

第二節───────
<u>意義學習的類型</u>

學校學習的教材內容不僅科目不同，深淺亦不同。許多教育心理學者嘗試將教材內容加以分類，希能促進教材結構的分析及教學策略的擬定。布魯姆（Bloom, 1956）曾提出教育目標的六個層次，由低至高分別為知識（knowledge）、理解（comprehesion）、應用（application）、分析（analysis）、綜合（synthesis）及評鑑（evaluation）等。奧斯貝則提出四種層次較不分明的意義學習類型，分別為抽象符號學習（representational learning）、概念學習（concept learning）、敘述學習（propositional learning or generalization）及發現學習（discovery learning）等。奧氏並將發現學習再加以分類，試圖進一步說明那些不存在於個體認知結構中可能存在的認知產物。茲將奧氏的四種意義學習類型說明如下（Ausubel, 1969）：

一、抽象符號學習

兒童智慧的重要根基之一是學習個別抽象符號的意義，將抽象符號與事物聯結，並能以抽象符號代表事物，如兒童聽到「狗」或看到文字的「狗」知其代表實際的狗，即使實際的狗不存在時，兒童亦能以語言的文字的狗引起大腦內在的影像。經由環境的刺激及影像的作用，兒童亦能學習動態的事物，如「跑」；或代表事物之間關係的符號，如「上面」、「旁」等等概念。

二、概念學習

概念是將具有共同特徵的同一類事物或現象以一名詞稱之，其為人類高層次學習的重要基礎。假如「三角形」即為一概念，使人類得以識別其與圓形、方形的不同。由於三角形代表很多大小、形狀不同的三角形概念，因此概念是一綜合性的抽象名詞。概念的學習可細分為二個階段：第一階段是概念的形成（concept formation），它是一種由學習者所歸納發現某一類事物有一些基本屬性存在的學習歷程；第二階段是概念的類化（concept assimilation），它是一種學習者因被提供其概念定義而瞭解概念屬性的學習歷程。奧斯貝指出

現實學習經常由後者開始。

三、敘述學習

敘述是以句子闡釋某一類事件具有二個以上概念之間的相互關係，蓋攝（Gagnè）稱為原則（rule）。例如「鱷魚會吃小孩」是一個一般性的類化敘述，而「鄰居的鱷魚吃了王小明」則僅是一個具有特殊意義的敘述，而不是一個類化敘述。由於類化敘述是一種高層次的思考，必須以學習者理解其所用語文之文法及句子聯結規則作為條件。

有意義的敘述學習是指某一新學習的敘述性教材與學習者已有的認知結構產生聯結關係。奧斯貝提出三種不同的聯結關係（Ausubel, 1969）：第一種是次屬關係（subordinate relationship），新的教材也許僅是個體既存知識的細節改變，如兒童已知「貓會爬樹」，進而習得「鄰居的貓正在爬我家的樹」。此外，新的教材也許是個體既有知識的延伸或修飾，例如兒童已知平行四邊形的定義，進而學習等邊平行四邊形。第二種是超屬關係（superordinate relationship），新學習的敘述內容是個體已存的一些知識整合，例如個體已知四方形、長方形、平行四邊形的四個角合為 360°，進而學習任何四邊形四個角合為 360°。第三種是組合關係（combinational relationship），由個體已知的一些非次屬的或超屬的關係之類化敘

述及概念，從而獲得新的學習。如個體已知牛頓的萬有引力定律和鐘錘的動力原理，進而學習諧振模型（model）；又如文學的比擬法「生命似流雲」亦屬之。

四、發現學習

奧斯貝的發現學習包含了其他一些較高層次的學習類型，如應用（application）、解決問題（problem solving）和創造（creativity）等的學習。然而，奧氏特別提示，發現學習亦可在前面所提三種較低層次的意義學習類型中發生。發現學習是指在學習情境中不提供學習者所習教材的最終可吸收之形式（final form），而由學習者透過自己對訊息的重整，使之與原有的認知架構配合，由此產生的新認知結構再經過重組或轉換，以表現預期行為或發現新的關係。奧氏認為應用學習和解決問題學習是有區別的，前者僅是練習將已知的概念或敘述，直接轉換應用於新的相似情境或問題中；而後者無法直接轉換，學習者必須將他所知的轉換成一組策略性步驟以解決問題，例如練習做數學的幾何問題。創造學習則為一種最高層次的學習，其發生乃基於個體認知結構中深度思考的綜合（synthesis），創造性學習所依據的概念原則或轉換策略並不明顯可循，然而創造性行為的產物卻是使人類文明得以邁進的主因。

　　雖然教師多採用注入式而較少依賴發現式教學法以傳授
課程內容，學習者卻普遍藉發現學習以應用、擴展、澄清、
統整或評量其所學習的科目內容，因爲奧斯貝懷疑被動注入
式的學習仍可能需要更高層次的認知成熟度。

第三節
教學的主要原則

　　奧氏認爲如何建立學習者對所學習的教材有清晰的、牢
固的和適當的認知結構是教學的主要任務。如果任務成功，
則學習者對其所學習的教材在其認知結構中，是有組織的、
穩固的、類化的、連貫的及具區別性的，因此教師如希望學
習者獲得適當的認知結構，則應引導他們利用那些能促進教
材理解和統整的重要原則，同時並應設計合適的教材進程型
式，以促進認知結構的清晰、穩固和統整。

　　當某一學科的重要基本概念被課程專家或教師確認以後，
組織這些基本概念的呈現方式和進程是教學任務的核心。奧
氏認爲漸次區別（progressive differentiation）原則和統整穩定
（integrative reconciliation）原則是組織教材的兩個重要原則
（Ausubel, 1969）。茲進一步說明如下：

一、漸次區別原則

因人類大腦之訊息處理與儲存系統是以漸次區別的原則接受和組織資料。爲了配合這種自然的特性、教師應蓄意以相同方式組織教材的進程，先介紹學習者高層次概念或大原則，然後再介紹細節資料，如此方能鞏固學習者適當的認知結構以統合細節資料。奧氏認爲很多教師所用的教學策略往往與漸次區別原則背道而馳，使教材各單元相當獨立，而學習者往往在未獲得統整性的認識一些相關概念之前，就先學習新教材的細節。

二、統整穩定原則

奧氏認爲課程內的一些單元或知識應被加以仔細分析，使其中相同的概念原則不致在許多教材中以不同的名詞出現，形成學習者認知上的不穩定。如果教材中一些相關概念的異同能被明確加以指出，則有助於學習者認知上的統整穩定。由於目前很多科目的教材內容組織過於分散破碎，造成了學習者認知過程中的阻力與混淆，迫使他們強記知識，而無法真正領會知識之間的組織和關係。

根據奧斯貝的看法，高品質的註釋式教學包含將教材以

學習後期的可能形式呈現，亦即學生聽講或閱讀文章的內容與他們已有的知識基模緊密聯結，因此較易被理解，如果在教學上能注重系統化的設計，則能催化理解的效果。

第四節
<u>前導組體</u>

　　教師往往運用不同的教學策略以引導學習，有的策略注重於單元教材學習前的提示，有的策略偏重教學中的練習和回饋，有的策略則偏重教材學習之後的試測。前導組體之提供則屬於前教學策略（preinstructional strategies），它是漸次區別原則和統整穩定原則的具體策略形成。

　　前導組體是一套清晰的、有組織的資料，以學習者已熟悉的知識為基礎而設計的產物。通常它是在教學起始時提供給學習者使其建立有用的知識架構，期能幫助他們對新觀念原則學習的統合。奧氏在一九六〇年初提出了前階組織的概念，並實驗其價值。他對前階組織所下的定義為「有參考價值的、可窺括全貌的介紹材料，……在學習前介紹給學生……其呈現的特色具有高度的摘要性（abstractness）、普遍性（generality）及全面性（inclusiveness）」（Ausubel, 1968, p. 148）。因為前階組織有上述的特性，故能夠幫助學生理解所

要學習的教材。梅爾（Mayer, 1979）指出前階組織所具有的一般特性包括如下：(1)它是一組相當短的文字式或圖解式的資料；(2)它呈現在所預定學習的多量資料之前；(3)它不是所要學習的多量資料的一部分；(4)它能提供一種綜合教材元素之間相互關係的方法；(5)它能影響學習者腦中的資料記錄過程。前階組織能提供第(5)特性的原因在於它能提供兩種功能：一是使學習者在腦中產生一個新的原則性組織，作為吸收其他知識內容的架構，這種組織是學習者原來不曾有的；另一是使其從已存有的知識當中引發出一原則性組織，而原來那些已存有的知識在一般狀況下，通常是不被學習者用來吸收新的知識。奧氏亦說明前導組體的主要功能在「縮短學習者已經知道和必須知道的資料兩者間之差距，使得學習能又快又好」（Ausubel, Novak & Hanesian, 1979, p. 148）。前階組織可以是一個敘述（a statement）、一段描述、一個問句、一個示範或一段影片，具有預習和結合學生已知即將學習的新教材內容與已知訊息內容的作用，例如教各種地形時，先提供一比較高山、高原與丘陵的異同圖作為前導組體；又如在教「鋼」之前，先介紹合金的概念。

　　以下是一些配合特殊教材單元的前導組體之設計例子：

【例一】雷達短文

　　「雷達」（radar）是指經由無線電波反射的方法，來偵察遠方物體和測定其方位的意思。聲音回響是眾所周知的現象；由建築物或山崖所反射的聲波，在經過很短時間後可以被觀察人員接收到。這種效果就和你在峽谷中喊叫，幾秒後可再聽到與複製你聲音幾乎完全相同的回聲之現象一樣。除了它是無線電波而不是聲波之外，雷達所使用的原理完全相同。無線電波進行的速度達每秒 186,000 哩，遠比聲音快得很多，而且可以通過更遠的距離。所以雷達只需測量從無線電波開始發送到它們折返或回響之間的時間，然後便可以把它轉換成距離的量數。

　　為了傳送無線電波，要把一部無線電傳送機連接到方向天線，再由天線送出一連串無線電的短脈波。首先傳送出去的無線電脈波，很像是在平靜的湖面中丟入一個小石頭所產生的效果一樣，產生許多同心圓的小波浪，向外繼續擴大。通常傳送機和接收機都分開使用，但是可能只用一個天線；天線發送的脈波要短暫的抑制住，以便接收折返的回響脈波。雖然如此，有一件事要記得的是：雷達波基本上是直線進行的，所以地球表面

的彎曲處終究會干擾到遠距離的傳送。當你想到接收折返的脈波或回響的問題時，你應記得：在發射波路徑上的任何物體會反射一些能量回到無線電接收機。其次的問題便是如何把接收機所接收到的脈波再傳送到顯示器上面，以方便肉眼閱讀。廣為使用的一種顯示器便是陰極射線管，是一般飛機場控制塔常用的儀器，外表很像電視螢光幕。

　　如果你由一九三〇年代左右所使用的一種最早期機型開始，你也許最容易了解雷達要如何由顯示器上顯示出來。這些機型的雷達能將廣闊的雷達脈波集焦而成一束光線，可以在螢光幕上自左而右掃動。當沒有任何物體阻礙進行中的雷達脈波時，這束光線繼續走動，直到消失在螢光幕右端。如果有物體出現，脈波就會撞擊到物體，並開始折返到接收機上。當物體被雷達脈波撞擊時，物體便變成螢光幕表面上的一個亮點，而且物體的距離便可以從脈波由物體回到接收機這一段的痕跡長度測量出來。然而，以這種機型，你只能測量物體的距離，但測不出它的絕對方位，因為此時螢光幕上的光束實際上是代表更廣闊的雷達脈波的整個寬度。

　　現在所使用的機型採用兩個簡單的技術，可以更容易的確定物體的方位。第一、現在的發射器操作方式更像是飛機場所用的探照燈。它發射單束的雷達脈波，沿

著監視區域繼續做環行的掃視。第二、把顯示器螢光幕調整，使螢光幕的正中央點相當於雷達脈波開始出發的位置。螢光幕上所看到的雷達脈波的運作就像時鐘的第二個針會繼續轉動。當有物體出現時，螢光幕表面上會留下一個亮點。另一個特點是螢光幕表面會顯現一個地圖般的雷達周圍的監視區域圖，當然可以讀出距離和方位。所以，現在已很容易就可以從物體在螢光幕地圖上的位置判斷出物體實際上的方位。

（採自 Clarke, 1977）

雷達短文的前導組體

雷達有五個步驟：

1. 傳送（Transmission）：脈波從天線發出

2. 反射（Reflection）：脈波被遙遠的目標物反彈

3. 接收（Reception）：脈波折返至接收器

4.測量（Measurement）：從發出到返回原處的時間差異就是
　脈波旅行的全部時間。

發出　　返回

5.轉換（Conversion）：這個時間可轉換爲距離，因爲雷達脈
　波以固定的速度進行。

　　＿＿＿＿秒＝＿＿＿＿哩

（採自 Mayer, 1984）

【例二】歷史科：英國

　　在上個單元「美國政府」中我們學到了聯邦政府的三個
部門：行政、立法和司法。行政部門的主要功能是法條的執
行；立法部門，即眾議院，是法條的通過；而司法部門的主
要任務是根據國家憲法保障人民的權利。接下來的英國單元
我們也將學習到該國三個功能相似的政府組織部門：行政、
立法和司法。

註：引自 West, Farmer, and Wolff（1991, p. 116）

【例三】科學單元：引擎

上一課我們學了活塞引擎。下一課我們將學渦輪引擎。活塞引擎和渦輪引擎有一共同特徵：在高壓下燃燒原料會產生熱氣。在上一課我們學到了活塞引擎操作的條件：第一，熱氣在這種高壓下擴張並推動活塞。這一新課我們將看到滑輪引擎動力的方式與上述很類似，但也有其他重要差別。我們將檢視渦輪引擎的主要不同處。

註：引自 West, Farmer, and Wolff（1991, p. 117）

由於前導組體可以幫助從事教育工作者了解一個長久以來為人所好奇的問題：舊經驗是如何統整新經驗的？因此在奧斯貝提出前導組體的觀念後，引起很多研究者的興趣，廣泛地在不同科目的教材上加以驗證。經過相當份量的研究後，發現支持和不支持前導組體的研究結果，在數量幾乎是相等的。由於前導組體的設計頗為分歧，故不得不從奧斯貝早期的研究來了解前導組體的基本形式。奧氏等人（Ausubel & Titzgerald, 1961）曾施用了三種前導組體以幫助學生學習一段與佛教教義有關，長約二千五百字的文字教材。第一種是「比較的」的前導組體，描述了基督教與佛教的相似點；第二種是「說明的」前導組體，列出了佛教的基本教條原則；第三

種則爲有關介紹佛祖本人資料的控制組（與內容不相關）。
受試者包括一百五十五個大學生。在次年的第二個研究中奧
氏等人（Ausubel & Fitzgerald, 1962）則將一組有說明式的前
導組體，與另一組未給予前導組體的控制組比較它們對學生
學習內分泌教材的影響。再次年奧氏（Ausubel & Fitzgerald,
1962）再以性向—措施的互動模式（Aptitude Treatment Inter-
action Model）研究兩組——比較的／控制的——前階組織對
佛教與禪學文字教材的影響。上述三個研究的綜合發現，如
僅以後測資料爲據，接受前階組織處置組的學生表現較未接
受前階組織處置組的學生爲高。就能力分組表現上的差異來
論，則以兩組中低能力或知識基礎較差的學生最爲顯著，尤
其是對場地依賴型（field-dependent）的學生，對他們提供歸
納型的前導組體教材能輔助學習，但對於場地獨立型（field-
independent）和閱讀能力較強的學生，則前導組體教材反而
抑制自行整理教材的機會，也可能減低學習的挑戰性（Chao,
1986; Rasinski, 1983）。除奧氏及其同仁的研究外，亦有其他
一些研究者支持了前階組織的價值，尤其在科學教育的應用
上（Abramson & Kagan, 1970; Moreira & Santos, 1981 ; Mayer,
1977 ; Proger et al, 1970; West & Kellett, 1981）。

　　以上研究證明學習者利用前階組織能更有效地將新教材
資料融合到舊資料中，故接受前階組織的受試者之表現能優
於未接受前階組織的受試者。這些研究的另一歸納結論則爲

高能力或較有知識基礎的學生之所以較不能得到前階組織之惠，乃是他們即使未接受到額外的輔助，仍能夠把握住新經驗與舊經驗之間的關係。前階組織對高能力組和低能力組的學習者之不同影響，顯示在應用前階組織時應考慮到學生特性的因素。

　　在不支持奧斯貝的前階組織功效的研究中，可以巴尼斯和克勞生（Barnes & Clawson, 1973）的論文爲代表。他們以三年級和六年級的小學生進行前後間隔二十四天的試測，在學生的閱讀能力加以控制之後，發現「學習前的前階組織組」、「學習後的前階組織組」及「控制組」在後測上的表現並無不同。克勞生和巴尼斯亦曾對一九七五年以前所有有關前階組織的研究加以分析，發現在他們所選取的三十二個樣本中有二十個研究報告未達顯著性（Barnes & Clawson, 1975）。亞倫（Allen, 1970）試驗了應用前階組織及發問的教材形式對初三學生在學習地理教材的影響。他要求學生在看到前階組織後用自己的方法做一摘要，實驗後的立即後試僅顯示前階組織的功效並不很大，未達統計上的顯著水準。但三星期後的試測卻發現前階組織促進了持久記憶，特別是低能力的學生尤受其益。

　　提供前導組體的效果受到其內容的條理性和是否配合學習者的認知難度所影響，如果前導組體的內容具邏輯性的組織，則學習者受益於前導組體的提供；相反的，如果前導組

體的內容很雜亂，或超出學生的理解能力，則不能促進學生的學習表現（Mayer, 1978; Siu, 1986）。此外，依學習項目的不同，可以採用不同的組織方式，來協助學習目標的達成。以閱讀為例，如果正文是屬於小說性質的文章，則段落式的說明是很恰當的組織方式。如果學習項目是與數學、電腦等相關的科技性內容，則圖解式的說明方式或條例式的說明或許更有助於學習內容的掌握（Tompkins, 1991，引自趙聲美，民 84）。

結語

　　奧斯貝以其意義學習的統合理論（theory of subsumption）、教材的前導組體（advance organizer）設計及發現學習說建立了其在教學心理上的地位，其統合理論的基本觀點與新近的認知學習觀的訊息處理理論不謀而合。

　　應用奧斯貝的前導組體是教學起始活動特殊教法的設計，由於前導組體的型式很多樣，它可以是口說式或文章式的全覽概要、框架概念組織圖、流程圖、比較式教材……等等，因此，教師採用前導組體的困難度並不高，但如何在考慮時間、對象、教材等因素及選擇適當的時機採用則是教學的高度技術。

參考文獻

趙聲美（民84）。前導組織與歸納組織在閱讀教學上的應用，
　　教學科技與媒體，第19期，頁16-21。

Abramson, T., & Kagen, E. (1974). Familiarization of content and different response modes in programmed instruction. Paper presented to American Educational Research Association.

Allen, D. I. (1970). Some effects of advance organizers and level of question on the learning and retention of written social studies materials. *Journal of Educational Psychology, 61,* 333-339.

Ausubel, D.P. (1963). *The psychology of meaningful verbal learning: An introduction to school learning,* New York : Grune & Stratton.

Ausubel, D.P. (1969). *Readings in school learning.* New York : Holt, Rinehart & Winston, Inc.

Ausubel, D.P. (1969). *School learning : An introduction to educational psychology.* New York : Holt, Rinehart & Winston, Inc.

Ausubel, D.P., & Novak, J.D., & Hanesian, H. (1978). *Educational Psychology: a cognitive view.* New York : Holt, Rinehart &

Winston, Inc.

Ausubel, D.P., & Fitegerald, D. (1969). The role of discriminability in meaningful learning and retention. *Journal of Educational Psychology, 52,* 266-274.

Bloom, B.S. (Ed.) (1956). *Taxomomy of educational objectives : The classification of educational goals. Handbook I : Cognitive domain. New York*: Mckay.

Chao, M. S. (1986). An experimental study using college students comparing a selected learning style with two major forms of programmed instruction. Doctoral disertation. Southern Illinoise University at Edwardsville, U. S. A.

Mayer, R.E. (1977). The sequencing of instruction and the concept of assimilation to schema. *Instructional Science, 6,* 369-388.

Mayer, R.E. (1978). Qualitatively different encoding strategies for linear reasoning : Evidence for single.

Moreira, M.A., & Santos, C.A. (1981) The influence of content organization on student's cognitive structure in thermodynamics. *Journal of Research in Science Teaching, 18,* 525-531.

Proger, B.B., Taylor, R.G. Jr., Mann, C., Coulson, J.M. & Bayuk, R.J. (1970). Conceptual pre-structuring for detailed verbal passages. *Journal of Educational Reasearch, 64,* 28-34.

Rasinski, T. (1983). Cognitive style and reading : Implications from field dependence research for reading instruction. Paper presented at the Great Lakes Regional Confer-ences of the international reading association.

Tompkins, R. S. (1991). The use of a spatial learning strategy to enhance reading comprehension of secondary subject area text. Paper presented at the Annual Indiana Reading Conference, Indianapolis, IN.

West, L.H.T., & Kellett, N.C. (1981). Meaningful learning of intellectual skills of Ausubel's subsumption theory : An application to the domain of intellectual skill learning. *Science Education, 65,* 207-219.

Barnes, B.R., & Clawson, E.U. (1975). Do advance organizers facillitate learning ? Recommodations for further research based on an analysis of 32 studies. *Review of Educational Research, 45,* 637-659.

Raphael, T. E., & Pearson, P. D. (1982). *The effect of metacognitive awareness training on children's question-answering behavior* (Tech. Rep. No. 238). Urbana: University of Illinois, Center for the Study of Reading.

第八章

影像法

　　在視聽教育的領域有一名言「一張圖值千句話」。如果讓人們對學習材料的型式有所選擇的話，相信多數人會選擇以圖構為主的材料，而不去選擇以文字為主的材料，因為透過具象的知覺傳遞媒介，不僅較容易意會，也增加了訊息的吸引力，尤其當今的學子所處的社會充斥著許多以視覺圖像為主的訊息環境，如漫畫、電視畫面、電腦圖像……等等，如果學校的教師仍採用以抽象符號——文字與說話——為主的方式與學子溝通，其效果是可以想見的。以下即為坊間刊物利用圖構媒介有效傳達資訊的例子：

伽利略的慣性定律

圓球自沒有摩擦力的斜面滾下，會繼續朝著所連接的向上斜面滾動，斜面滾動，斜面上升的角度越小，圓球減速的程度越小，滾動的距離也越長。伽利略由此推論，如果連接的斜面為水平面，圓球將會維持著等速直線運動。

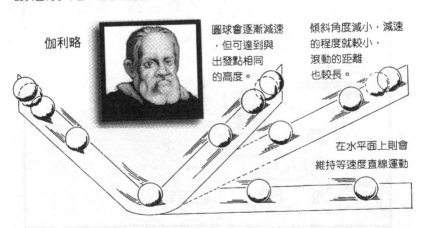

伽利略

圓球會逐漸減速，但可達到與出發點相同的高度。

傾斜角度減小，減速的程度就較小，滾動的距離也較長。

在水平面上則會維持等速度直線運動

例：引自圖像英文記憶法⑶ （蔡志忠，民86）

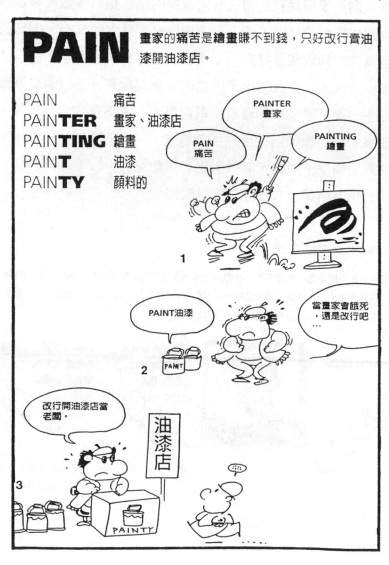

　　教師面對坊間眾多豐富的圖構資訊及其所製造的視覺效果，應重新思考影像學習（imagery learning）的意義及其重要性，並充分利用此種認知型式促進學習。

第一節
影像學習與認知思維的關係

　　Paivio（1986）曾對影像（imagery）的定義作了簡明的闡釋，他認為影像是一種心理表徵的訊息運輸，與具體的事物或活動的經驗聯結有關。在心理功能上，影像的訊息處理則是具體的、動力的（dynamic）和序列的，它是一種「圖像符號」，通常在表像上與所代表的事物相近，因此可提供所代表意義的具體線索（朱則剛譯，民 84）。

　　人類記憶的結構是認知心理學研究的主要範疇。蓋聶和懷特（Gagnē & White, 1978）曾假定記憶結構所能包含的分子，包括字句（propositions）、影像（imagery）、情節（episodes）及認知的技能（intellectual skills）等四部分，它們是人類學習現象中保留和遷移訊息的居間單位。影像和情節兩部分為蓋懷等二人假設其是積極記錄和儲存具體資料、直接經驗與活動的記憶結構單位。阿肯生等人（Atkinson et al, 1968）所假定的記憶流程較為複雜，其重要的結構分子主要

包括一個感覺登錄系統（a sensory register）、一個短期記憶和一個長期記憶系統。根據阿氏等人的假定，影像處理被認爲包含：(1)短期記憶及長期記憶結構中的儲存元素；(2)短期記憶與長期記憶之間的刺激痕道（stimulus trace）；(3)長期記憶及反應輸出通路之間的反應痕道（response trace）。在人類記憶結構中，影像訊息處理系統和文字訊息處理系統不同，應可由記憶痕道屬性的近時性、頻率及內容特點（contextual structure）等上的形態而加以區別（Underwood, 1969），例如對於空間觀念之訊息處理或學習，影像的處理應比語文的描述更爲有效。

綜合之，過去已有許多研究探討使用影像運思對記憶活動的影響，並多數支持視覺圖像技術促進了新訊息的記憶（Clark & Paivio, 1991; Levin, 1983; Mastropieri, 1985）。影像思考如被個體自然的或刻意的引動，因其替代一大組的材料內容或意義，減低了工作記憶（working memory）的負荷。

影像訊息處理經常被運用作爲輔助文字學習或促進記憶的媒介，從簡單的配對聯結學習至複雜的散文學習，均不難發現一些應用實例。其策略或要求學生看參考圖片，或自繪圖畫，或在學習前給予學習者如何應用影像以促進學習的指導等，均證明影像訊息處理有促進一般語文或散文學習的功能（Levin, 1976; Pressely, 1977）。在一項有關提供學習者如何利用影像訊息系統自我整理教材，及提供具體圖形以輔助

文字學習的研究中（Rasco, Tennyson & Boutwell, 1975），以四個實驗設計組別：(1)有指導、有圖形，(2)無指導、有圖形、(3)有指導、無圖形，及(4)無指導、無圖形等提供影像的指導和圖形的效用加以實驗，結果發現兩者均具有促進學習的功能，並發現圖形的提供比影像指導的提供在教學策略設計上更具價值。蓋特門等人（Guttmann, Levin & Pressley, 1977）分別對幼稚園、二年級及三年級的學生，在語文故事的學習上提供三種影像輔助的策略——提供完整的圖像以配合故事，提供圖像但省略圖像中的部分資料，以及不提供圖像三種。此研究發現具體的提供圖像比學生自己想像圖像或不提供圖像均較有效，但年齡愈長，策略效果的差異愈小。

　　另有一些未支持影像訊息處理系統具輔助文字學習功能的報告，例如薛謬士（Samuels, 1971）曾覆閱六個有關研究，其目的在調查圖像是否在聯結測驗（associate test）上確實促進學習的理解和記憶，結果只有一個研究被承認有促進學習的功能，其他五個則否。又如蓋聶和克拉伯（Gagnè & Gropperil, 1965）曾應用性向—措施主動模式而假設：顯示高影像能力的學生應以圖像的教材設計，學習將較有利。結果發現以影像和語文劃分的性向在學習時間、學習結果、保留及教材呈現形式上均無區別性的相關存在，其負向原因可能是此研究的診斷性向之工具上或影像教材設計形式上的問題。

　　Jacobsdottir, Krey and Sales（1994）在回顧教學設計上的

影像應用效果之相關研究後，建議設計電腦圖構畫面時，應注意兒童性別的不同和偏好，茲以表 8-1 示之：

表 8-1　不同性別對圖像偏好的特性

女 生 的 吸 引 焦 點	男 生 的 吸 引 焦 點
含有人、植物和動物的圖像細節	含有動作的影像
採用不同顏色	含有車輛的影像
含有女性角色	含有男生的影像
和平的影像	含有懸疑／危險／拯救任務

第二節
圖構教材的型式

　　在教學上所使用的不同圖構之教材型式相當繁多，基本上可分為兩大類型，一是由教師或教科書提供的實物照片、圖表、圖解等，另一類是由學生假想的心理圖像，不同的學生所產出的內在圖像可能會有很大的不同，例如學生對同一內容作筆記的架構圖可能十人十樣，百人百樣。無論是由教師提供或由學生心理運作的圖像，皆可作為認知教學的策略。以下為一些常見於教科書中或由教師設計提供的影像輔助資

料：

【例一】：細胞的構造 （國中生物科教師手冊）

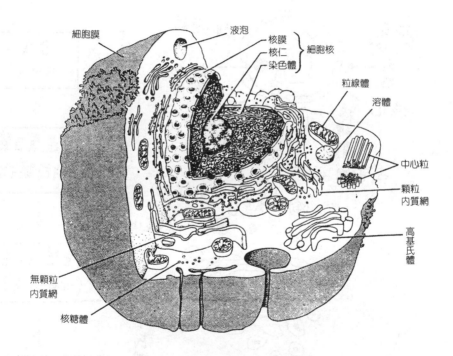

圖 2-1 動物細胞構造的模式圖

【例二】：細胞的構造及其分泌功能

（教師上課時在黑板上的繪圖）

＊細胞中蛋白質合成與分泌的過程

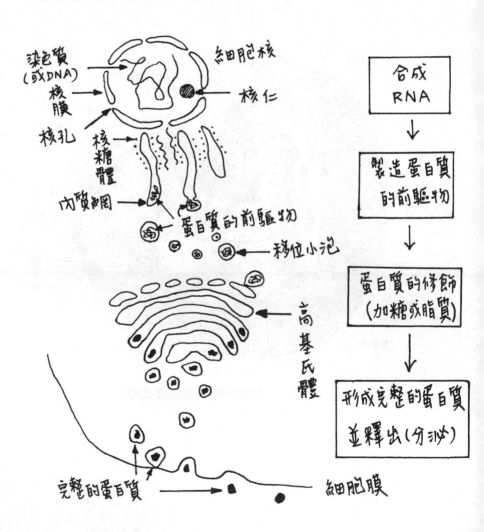

【例三】國中數學

題目：兄有五百元，妹有三百元，兩人都花掉相同的錢，剩
下的錢兄是妹的三倍。求兄、妹各花去多少元？

一、先畫出甲有五百元，乙有三百元。

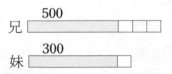

二、花掉相同的錢，用色塊表示。注意剩下的錢，兄
是妹的三倍。

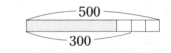

三、將兄妹重疊，可得白色部分每格為一百元。

$$（500 - 300 = 200, \quad 200 \div 2 = 100）$$

可得色塊部分為 200（300 - 100 = 200），即是各花掉
兩百元。

許多複雜的數字，可以利用圖解的方法算出來，試試看，
一點也不難喔！

　　學生在掌管文字教材時，有時會自然運用圖構思考以輔
助文字教材，但如經由教師的鼓勵或提示去運用圖構思考，
則會有更多比例的學生使用雙重登錄系統（duel coding sys-
tems）。不論是配對字（pairs of words）、句子、文章段落或
動作技能的學習材料，圖構輔助運思大多能促進學習的效果。

【例一】：集合概念的學習，由學生參與繪圖

（李咏吟，民 71）

　　現在讓我們使得班
上所有擁有狗的人成爲
一團體，我們如果把團
體稱作集合，那麼我們
使得班上所有擁有貓的
人成一集合，擁有狗的
人成爲一集合。現在我
們有兩個團體：狗集合
及貓集合。如果集合是
如此形成的話，任何人
若同時擁有貓和狗，將
分別屬於這二個團體。
假使，我們想要看那些

人，同時屬於狗及貓之
團體，換句話說，我們
想要找出誰，同時擁有
狗又擁有貓，此種擁有
狗和貓的人，就被稱作
狗集合和貓集合之交
集，任何人若屬於此交
集者，必定同時屬於狗
集合和貓集合。

　　有很多情況我們會
碰到，能用交集去回答
問題或解決問題，例
如：讓我們看看交集是
如何的被用來找出班上
那些人，同時有一個妹
妹和一個弟弟。我們會
形成班上所有有妹妹的

人之團體，也會形成一個班上所有有弟弟集合的人之團體，
那麼，此二團體之交集即是由這兩個團體中同時有妹妹及有
弟弟的人所構成，任何人若同時有妹妹及有弟弟者，會屬於
此一交集的團體。

【例二】：自然科　　　　　　　　　　　　　　（高職生畫）

東非肯亞的馬賽族戰士。選自＜大地＞90期88頁。

By：三年二班 2號王奐之

【例三】：主題統整構圖
（一美國教師對本章主題的學後概念繪圖，Margulies, 1991）

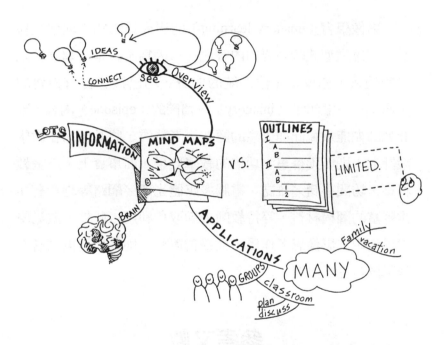

結語

影像學習（imagery learning）的研究為認知心理學在探討人類思維型式時必要的內容之一，因為不論是人類感官訊息的輸入，亦或是記憶系統的成分，均已被證實有視覺的（visual）、影像的（imagery）、情節的（episode）內容，因此教師如能重視此種人類的認知思考特質，將其應用在教學設計上，則能獲得事半功倍的教學效果。而事實上，不論教科書、坊間書籍／雜誌、電腦多媒體光碟／網路等均含有非常豐富的圖構材料，等待教師去擷取和利用。此外，鼓勵學習者利用其影像思考作為一種學習策略，則為提昇更高層次教學技巧境界之道。

參考文獻

朱則剛譯（民 84）。視覺設計。教學媒體與教學新科技。頁131-193。台北：心理。

李咏吟（民 71）。文字的及文字附加圖構輔助的教材影響國民小學高低能力學生學習效果之研究。輔導學報，第五

期,國立臺灣教育學院,頁 79-115。

蔡志忠（民 86）。圖像英文記憶法(3)。台北：時報文化。

Clark, J. M., & Paivio, A. (1991). Dual coding theory and education. *Educational Psychology Review, 3*, 149-210.

Gagne, R. M. (1970), *The conditions of learning.* (2nd ed.) New York：Holt, Rinehart and Winston.

Gagne, R. M., & Gropper, G. L. (1965). Individual differences in learning from visual and verbal presentations. Unpublished report,American Institudes for Research, Pittsburgh, Pa. ED 010377.

Gagne R. M., & White, R. T. (1978). Memory structures and learning outsomes. *Review of Educational Research,* Spring, 48,187-222.

Jacobs dottir, S., Krey, C. L., & Sales, G.C. (1994). Computer graphics: Preferences by gender in grade 2, 4 and 6. *Journal of Educational Research,* 88 (2), 91-100.

Levin, J. R. (1776). What have we learned about maximizing what children learn？In J. R. Levin & V. L. Allen (Ed.), *Cognitive learning in children theories and strategies.* New York：Academic Press.

Levin, J. R. (1983). Pictorial strategies for school learning: Practical illustrations. In M. Pressley & J. R. Levin (Eds.). *Cog-*

nitive strategy research: educational applications (pp. 213-237). New York : Springer-Verlag.

Mastropieri, M. A., Scruggs, T. E., McLoone, B, & Levin, J.R. (1985). Facilitating learning disabled students' acquisition of science classifications. *Learning Disability Quarterly,* 8, 299-309.

Samuels, S. J. (1971). Is a picture worth than a thousand words ? Reading News Report, 5, 19-22.

Underwood, B. J. (1969). Attributes of memory. *Psychological Review,* 96.

第九章

概念構圖法和框架法的教學設計

　　認知教學方法由早期較巨觀的完形之頓悟學習、發現式學習、問題解決教學等模式，逐漸演變成許多微觀的認知教學策略，其中概念構圖法（concept mapping）和框架法（frames）被認為是應用學生認知的空間思考能力以促進學習的教學策略。由於這兩種策略已常見於教材組織的設計型式，教師應易於將它們轉化為特殊教法的採用。

　　良好的教材本身應具有清晰的內在結構，其內容細節如被組織成有連貫系統的知識，則教材易於被學生理解和記憶。因此，教學的設計如果能幫助學生將其所需學習的概念、細節、程序性知識等加以策略性的組織以配合學生的認知思考特質，則大大提高了學習的效率，例如教師在語文科的寫故事練習時，若在教學中使用框架作為指導手段，小學生也能寫出長篇的故事。

第一節
概念構圖法

　　追本溯源，概念構圖應與心理學家托爾曼（E. C. Tolman）提出的認知圖（cognitive map）有關。托氏曾以老鼠和猩猩實驗符號學習，發現實驗者帶猩猩走過一沿途放置香蕉的林園中的特定路線後，當猩猩自己行動時，彷彿在其心智

系統內形成了一認知圖，故其行動是有目的、有順序的，且是有效的行動（Tolman, 1948）。當概念構圖被視爲一種教學策略時，它是動詞而非名詞，意指教師引導學生應用空間性組織（spatial organization）以聯結不同概念間的關係，換言之，知識結構中一些相屬概念及彼此間的關係被以圖繪的方式呈現出來，促進學生對新教材學習的記憶和理解。例如 West、Farmer 和 Wolff （1991）在其編寫的書中介紹複雜的多種認知教學策略時，將這些策略以一概念構圖做綜合性的整理，期望讀者能有組織性的認識其主張。茲將此概念構圖介紹於圖 9-1。

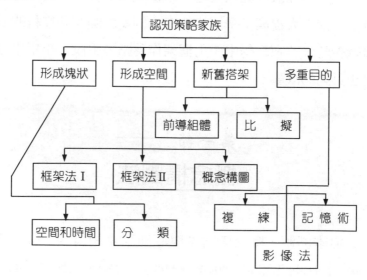

圖 9-1 認知策略概念構圖

一、概念構圖的主要型式

Jones、Palincsar、Ogle 和 Carr （1987）指出概念構圖的三種主要型式，包括蜘蛛網構圖（spider maps）、鎖鍊構圖（chain maps）和階層構圖（hierarchy maps），每一種型式各代表知識的特殊結構，概念和概念之間的關係也因而不同。蜘蛛網構圖的一個例子為未來可能的新能源，見圖 9-2：

圖 9-2　蜘蛛網式的概念構圖

圖 9-2 中的五個箭頭的聯結線意含「為其中一種」（is a type of），故此圖的五個概念具相當平等的地位，而每一大概念尚有其他次概念的發展空間以構成更複雜的網狀圖。鎖鍊構圖的一個例子為課程發展工作的流程（圖 9-3）。

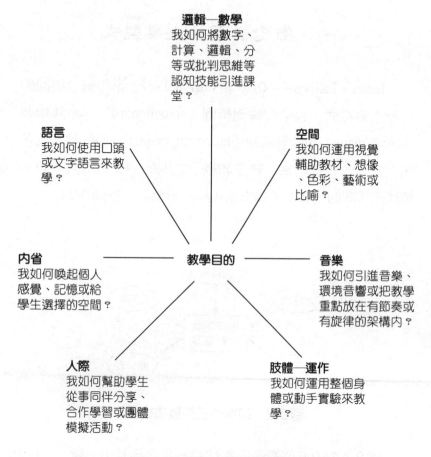

圖 9-3　多元智慧教學規劃（李平譯，民 86）

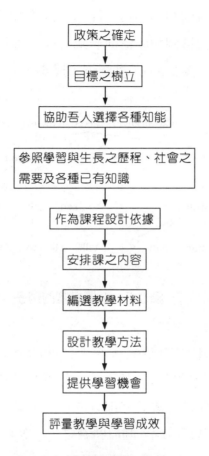

圖 9-4　課程發展的流程

　　圖 9-4 有箭頭的聯結線意指「導致」（leads to）或使能夠（enables），因此前面的概念導引後面的概念，形成步驟性的關係，故常為整理程序性知識（procedural knowledge）

所使用。階層構圖則為第三種知識組織的圖像，人類大腦中的知識基模常被假想成這種形式，以下為一解釋語言結構階層性的例子（圖9-5）（洪蘭譯，民84）。

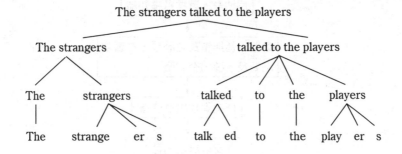

圖 9-5　階層構圖的例子

階層圖中的聯結線代表上位階的概念「包含」（subsume）下位階的概念，然而不同位置的聯結線可能會有不同的意義，可能是「屬於其部分之一」，也可能是「屬於型式之一」、「導致」或「屬於特質之一」等等。

二、概念構圖的相關研究

有關使用概念構圖作為教學策略的實驗，最早是由Dansereau（1987）及其同仁自七○至八○年代在大學進行一連串

的研究，最初並無發現教導學生使用概念構圖整理新教材比沒有教導使用概念構圖的學生有更顯著的學習效果，後續的研究加強使用概念構圖之前的訓練後，則效果愈見突顯，尤其是促進了成績差的學生對資料細節記憶的學習。Hawk（1986）則是以中學六年級和七年級的學生為對象，研究使用概念構圖的效果，共有來白十五班的四百五十五位學生參與，發現單元初始由教師利用概念構圖以引導學習七個單元的「生命科學」課的實驗組學生，其成就測驗結果顯著超越控制組的學生，中學歷史科應用概念構圖，以促進學生發展因果關係思考的教學設計，亦有正向的發現（Bean, Singer Sorter, & Frazee, 1986）。

Boothby 和 Alvermann（1984）訓練一批小學四年級學生使用概念構圖學習新教材，控制組的學生則在實驗組的訓練時間同時閱讀相同的教材，結果發現四十八小時後的學習保留，兩組學生的表現有差異，但一個月後的學習保留差異則否。

近期在電腦教學上充分利用電腦的特殊功能使用概念構圖教學策略，學生無論是在螢幕上建構自己的概念構圖，或參考或操弄專家或他人的概念構圖，或搜尋解釋概念的輔助資料，均協助學生瞭解教材內容的內在結構，並獲得學習者的相當喜愛（Cammelot, 1987; McAleese, 1986）。

三、使用概念構圖教學策略的注意事項

概念構圖可作為教學初始階段的特殊策略，學生透過教師所提供的概念構圖可對學習內容有整體性、系統性的理解。然而，為了加強學生主動參與組織知識的效果，更好的安排是教師先提供概念構圖的部分概念，經過一段時間的師生討論後由學生去完成全部的概念構圖；不然，教師可在教學總結階段時由學生組成小組去完成整體的概念構圖，將之作為一種促進記憶的複練策略。

當教師選擇主幹概念加以延伸時，應選擇可明顯作意義區分的支幹概念，才不致造成構圖時的混淆，同時禁止採用語句或段落以描述概念，以保持概念構圖的簡單原則。

根據相關文獻指出，學生能發展較好的概念構圖是需要訓練的，因此，如果教師欲從事概念構圖教學的實徵研究，先有訓練階段的計畫是相當重要的。

第二節　框架法

框架（frame）是一種呈現知識的格子、矩陣或基礎架構。通常經過良好設計的教科書或教材，其主要的觀念、概

念或事實經過組織而具有其內在的結構，然而大部分的學生很少注意到此一結構。大部分的認知科學家相信，最佳的學習應從教材所包含的大圖像、綱要或整體結構開始。如果此一大圖像存在於教科書中，教學設計者的任務便是去強調它；如果此一圖畫並不存在，則教學設計者的任務便是去發展它，並強調它。當教科書結構和圖畫的主要觀念被忽略時，學習是一種例行的、片段的，並可能很快的被忘記。

　　早在一九七〇年代之前，框架一詞已被心理學家如Skinner 和 Glasser 在編序教學（programmed instruction）中所使用，在編序教學中，框架代表教學的特殊單位，包含一小組訊息的呈現、問題及填答。

　　當框架作爲一種認知教學策略時，乃是由教師或學生將其主要觀念分配於縱軸和橫軸兩個層面所形成的組織。教材內主要觀念相關之資訊皆可填入細格中，通常我們在細格中可見事實、例子、概念、描述、解釋、經過、程序等等的不同訊息。茲舉一合作學習實施步驟的例子說明框架法的基本形式（圖9-6）：

科　　目：國中理化

單元主題：酸與鹼

教學活動 實施流程	時　間	活 動 內 容	準備教材	備　　　註
全班授課	二十五 分	1.內容簡介 2.講授大綱 　(1)描述電解質的定義 　　及阿瑞尼士解離說 　(2)講述酸鹼中和的現 　　象及原理	圖片 酸鹼指示劑 PH 儀	
小組活動	三十分	1.各組分配人員之角色 2.依工作單進行討論	工作單 答案單 實驗記錄單	
小組報告	二十分	小組呈現討論結果		包括教師和其他小 組的討論、回饋
測　　驗	十　分	1.學生個別測驗 2.教師立即批改	小考測驗卷 答案單	先寫完的同學可先 交給老師批改
團體歷程	十　分	小組反省活動情形及提 出改進建議		
小組表揚	五　分	1.各人小考分數 2.小組得分	小考得分單 小組總分單 表揚狀、獎 品	可表揚最佳小組及 個人

圖 9-6　框架例子

　　教師使用框架法可以獲得多方面的助益：第一，它可以
組織知識細節而成有連貫的結構；第二，它可以使知識中各

細節和概念間做有意義的聯結；第三，它可提供暗示給學生，
讓他們知道哪些部分是重要的。

一、框架法的主要型式

框架雖然在外型上看似二度空間的表格，但因知識內容
和教學目標的特殊性，而有三種類型，包括矩陣（matrix）框
架、問題／解決（problem／solution）框架及目標／行動（go-
als／action）框架（West, Farmer & Wolff, 1991），其中矩陣框
架最為典型，幫助學生對學習教材加以分類和衍飾。以下為
矩陣的兩個例子（圖9-7）：

	形成	結構	特殊種類	應用
火成岩				
沈積岩				
變質岩				

圖9-7 「岩石」學習的框架

問題解決框架則是由使用者在欄位的最左側縱軸列出問
題或事件的項目，再隨之描述問題的行動和結果等（見圖
9-8）：

	問題	行動	可能結果
#1			
#2			
#3			

圖 9-8　目標／行動類型的框架

　　目的／行動框架與問題解決框架頗爲類似，只是最左側縱軸欄在導引學生思考事物的目的或目標，以下爲一例（圖9-9）：

	目標	計畫	行動	結果
英國人				
荷蘭人				
黑人				
美洲原住民				

圖 9-9　殖民時代的美國歷史

以下爲另二個應用於其他科目的框架教材：

單元：生命的泉源—血液（健康教育）

	紅　血　球	白　血　球	血　小　板
特徵	圓盤狀、中央較薄	有細胞核	圓形或橢圓形細胞
比較體型大小	次之	最大（約為紅血球的 1.5 倍）	最小（約為紅血球的 1／2～2／3）
顏色	紅色（因為含血紅素）	透明無色	透明無色
功能	輸送氧氣	吞食侵入人體的細菌而保護身體	促進血液凝固
產生病變	貧血（營養不良）	血癌（放射線或病毒）	血友病（遺傳）

圖 9-10　教師用框架

單元：音樂家的故事（國三音樂科）

音樂家 項目	巴　哈	莫札特	貝多芬	舒伯特	蕭　邦
出生地（國家）					
尊稱					
代表作品					

圖 9-11　學生用框架

二、框架法的相關研究

如同其他認知策略，關於框架法的研究和發展也應用於各級教育情境中，包括大、中、小學的閱讀教學、歷史及科學課程等。首先，Armbruster和Anderson（1982, 1984）使用一個具有廣泛適用性的「故事文法」（story grammers）之設計。所謂故事文法是一種計畫／目標／行動的框架法，Dreher和 Singer（1980）將此用於國中生的閱讀教學，這種框架法橫列標題包括人物、情境、結論，縱欄標題則是各種不同的故事，學生學了這種結構及一個故事內容後，就有能力可以將其他故事的各項相關資料填入適當位置。文獻顯示學生使用框架法後，好的閱讀者比差的閱讀者回憶較多。這種教法在學校裡產生很大的影響，特別是寫故事方面，據老師們指出，如果在教學中使用框架法作為指導，小學生便能寫下他們自己的故事。

針對大學生（生理學及神經學）及中學生（生物及歷史）方面，Vaughan（1984）也調查了使用框架法在學習和回憶方面的效果。其中，初中接受為期四週的方案，中學第十級學生生物課接受十二週的指導，第八級學生歷史課則接受十九節的指導，接著學生被測驗立即記憶及延宕回憶，測驗的問題分為三個層次：(1)上位教材：有關於長幅段落的主要概念；

⑵從屬教材：與次要概念相關的問題；⑶某些特殊的教材：即有關較不重要的細節問題。上述這些研究大量支持了使用框架法的正面效果，就中級學生而言，使用框架法增加第⑶類訊息的回憶；就第十級學生而言，使用框架法增加上位教材和從屬教材的回憶，但在特殊的教材上則無顯著差別；而對第八級的學生而言，框架法的使用可同時增加立即的和延宕的回憶。

Armbruster、Anderson和Ostertag（1987）也使用了問題解決的框架法在四班第五級的社會科教學上，結果發現，接受框架法訓練的學生在申論題的回答上明顯回憶較多，且在答題上較有組織，較能抓住重點，並能將想法做較好的統整，也能找出較多的支持證據及論證的理由，然而簡答測驗上則相差不多。

Davies和Greene（1984）在「長期科學教育推展」報告中指出，框架法是一種增進學生閱讀理解很有效的策略。許多研究者認為框架法的學習模擬了科學課程內在知識的結構，而促進教材學習的連貫性。他們並定義了在科學教材上使用框架法的三種分類：⑴對觀察、分類的描述；⑵對觀察的解釋；⑶建立觀察系統。見圖9-7之例。

總之，從以上的研究和發展可清楚看出，框架法是一種學習上很有利的策略，它可同時幫助學習及增加精熟程度。

三、使用框架法教學策略的注意事項

　　框架法的使用原則與概念構圖的教學原則相似。如果框架是教師自己建構的，不論是作為教學初始階段的教材內容整體性導引，或作為教學過程中由學生逐步地去填寫框架，亦或作為教學總結時的複習，均是有效的教學策略。然而，框架的內容和概念分析項目儘量由學生自己發展，則更符合認知建構主義的主張。

　　無論教師或學生發展框架，應注意勿使框架過大，而造成記憶組織的超量負擔，反而降低學習效果。當框架的訊息量過大時，創造主要框架的附屬框架，或者發展三度空間的框架，均不失為解決問題的辦法。

結語

　　在諸多認知教學策略中，概念構圖法和框架法均屬藉空間性的／視覺性的特性以組織教材，因而促進學習。不論是教師或學生使用這兩種教學策略的那一種，均有助於思考的統整和推衍、評估、腦力激盪等，對於提昇學生的思考力、決策能力及創造力等，均有很大的助益。

以目前國內教學的問題，加強教師主導教學以外的教學模式應爲重要的改進目標。概念構圖法和框架法均是教師經常見到的訊息設計型式，因此將之使用爲教學策略應是大部分學校教師很容易做到之事。使用這兩種認知教學策略時，教師應儘量使之成爲學生自學取向的型式，由學生個別的或小組合作的去建構概念圖或框架，則學生必然成爲教室內的主角，而非配角。

<u>參考文獻</u>

洪蘭譯（民 84）。心理學（H. Gleitman 著）。台北：遠流。

李平譯（民 86）。經營多元智慧。台北：遠流。

Armbruster, B.B., & Anderson, T.H. (1982). Structures for explanation in history textbooks: Or, So what if Governor Stanford missed the spike and hit the rail? (Technical Report No. 252). University of Illinois at Urbana-Champaign, Center for the Study of Reading.

Armbruster, B.B., & Anderson, T. H. (1984). Mapping: Representing informative text diagrammatically. In C.D. Holley & D. F. Dansereau (Eds.), *Spatial learning strategies: Techniques, applications, and related issues.* New York: Academic

Press Inc.

Armbruster, B.B., Anderson, T.H. & Ostertag, J. (1987). Does text structure / summarization instruction facilitate learning from expository text? *Reading Research Quarterly, 22,* 331-346.

Atkinson, R. C. Herrmann, D. J. & Wescourt, K. T. (1974). Search process in recognition memory. In R. L. Solos (Ed.). *Theories in cognitive psychology.* Potomac, Md: Eribaum.

Bean, T.W., Singer, H., Sorter, J., & Frazee, C. (1986). The effect of metacognitive instruction in outlining and graphic organizer construction on students' comprehension in a tenth-grade world history class. *Journal of Reading Behavior, 18,* 153-169.

Boothby, P.R., & Alvermann, D.E. (1984). A classroom training study: The effects of graphic organizer instruction on fourth graders' organizer instruction on fourth graders' comprehension. *Reading World, 26,* 325-339.

Cammelot, J. A. (1987). Design and evalvation of software for computer-based concept mapping. Unpublished masters thesis. University of Illinois at Urbana-Champaign.

Dansereau, D.F. (1987). Technical learning strategies. *Engineering Education, 77,* 280-284.

Davies, F., & Greene, T. (1984). *Reading for learning in science.*

Edinburg: Oliver & Boyd.

Jones, B.F., Palincsar, A.S., Ogle, D.S., &Carr, E.G. (Eds.). (1987). Strategic teaching and learning: cognitive instruction in the content areas. Elmhurst, IL: North Central Regional Laboratory and the Association for supervision and Curriculum Development.

McAleese,R. (1986). Computer-based authoring and intelligent interactive video. In C. W. Osborne & A.J. Trott (Eds.), *International yearbook of educational and instructional technology*. New York: Kogan page.

Miller, P.H. (1983). *Theories of developmental psychology*. San Francisco: Freeman.

Siu, P.K. (1986). Understanding Chinese prose: Effects of number of ideas, and advance organizerson comprehension. *Journal of Educational Psychology, 78,* 417-423.

Vaughan, J.L. (1984). concept structuring: The technique and empirical evidence. In C.D. Holley & D.F. Dansereau (Eds.), *Spatial learning strategies: Techniques, applications, and related issues* (pp. 127-147). Orlando, FL; Academic Press.

West, K.C., Farmer, J.A., & Wolff, P.M. (1991). *Instructional Design: Implications from cogmtive science*. Boston, Mass: Allyn and Bacon.

Rabinowitz & Oliver (....).

Jones, B.F., Palincsar, A.S., Ogle, D.S., & Carr, E.G. (eds.) (1987). Strategic teaching and learning: cognitive instruction in the content areas. Elexandria, VA.: Association for Supervision and Curriculum Development.

Nickerson, R. (1985). Understanding understanding. American Journal of Education.

Mayer, R.E. (1989). Teaching for learning and thinking. In J.W. Segal et al. (eds.), Thinking and learning skills. Hillsdale, N.J.: Lawrence Erlbaum Associates.

Mayer, R.E. (1987). The elements of a science of education. Hillsdale, N.J.: Erlbaum.

Shuell, T.J. (1986). Cognitive conceptions of learning. Review of Educational Research, 56, 411-436.

Vosniadou, S. (1988). Knowledge restructuring and science instruction. In J.D. Day & J.G. Borkowski (eds.), Intelligence and exceptionality. Norwood, N.J.: Ablex.

第十章

隱喻和類比的教學設計

　　許多認知心理學家均認為，學習時若能將就新舊知識加以聯結，藉由學習者先前所學的概念來幫助新知識的建立，將是一種有效率的、有意義的學習歷程。教學上採用隱喻（metaphor）和類比（analogy）除了幫助新、舊知識的聯結外，尚可增加學習者實相的、想像的和創思的功能。例如以下的一些比喻：

「滑輪的轉動就如同龍捲風」　　「慾是深淵，怒是猛虎」

「光陰似箭、歲月如梭」　　　　「法律是道德的最後一道防

「平行就好像鐵軌一樣」　　　　　線」

　　　　　　　　　　　　　　　「教育是百年大計」

　　上述左邊三個陳述為類比的例子，每句左右的概念經常會與「就如同」（as if）聯結，右邊三個陳述則為隱喻的例子，每句左右的概念是與是（is）或與相像（like）聯結。

　　隱喻和類比可作為教師刻意設計的教學策略，不論其是由教師在教學前事先的構想，或是由學生當做學習過程中的練習（如讓學生思考紅血球就好像＿＿＿），這兩種過去常被用於文學作品的技術，亦被教育心理研究者發現是相當有效的教學技術，它們能將抽象的概念以較具體的方式呈現，幫助學生認識或理解抽象事物的特性，但至今在課堂上或教科書中並不常見隱喻或類比的使用，究其原因，可能是教師並不熟悉此科教學策略或缺乏具體的原則可以依循，此問題值

得從事教育者共同關切之。

第一節
<u>隱喻和類比的定義</u>

　　隱喻和類比的使用在建構主義取向的教學佔有相當重要的地位，乃因建構主義主張學習是一個主動建構的過程，利用隱喻和類比有助於個體利用已知的知識來了解未知。隱喻是一種有效的認知思考策略，它能被選擇而明確地表達以輔助個體的心智操作，透過新舊事物或概念與概念之間彼此的相似性，由一方類推另一方的學習過程，例如要求學生形容摩托車，則「它像飛奔的豹子」、「它的聲音像發怒的山獅」……等假想就會出現。類比是將兩個不同領域的知識系統，藉由彼此間的某種相似和差異性，經由對比從而理解知識的過程。類比教材中所欲學習的概念即為「類比的標的」或目標物，而用來類比的事物或概念則為「類比的標原」或類比物，如電腦的低階語言被類比為建築施工圖，前者為類比的標的，後者為類比的標原。類比的目的即是藉類比物和目標物間的相似性或關聯性，使學習的過程更順暢。其實隱喻、類比或直喻（simile）在認知心理學應用者心中並不明顯區分，大致將三者看成相近的概念，主要涵意為「一件事物將

其部分的意義，以相似的屬性轉移至另一件事物上」。

　　成功的隱喻或類比避免學生大量背誦新知識，減少學生的認知負荷，幫助學生處理學新概念及建構一般化原則，以作爲解決問題的有效方法。再者，隱喻和類比能提供對抽象事物的想像空間，引發學生的高度學習興趣。

　　好的譬喻或類比能讓學習者有豁然開朗甚或醍醐灌頂之效，然而，模糊的、陌生的或過時的譬喻，不僅無法幫助理解，反而可能造成另一混亂而複雜的概念，因此善用隱喻，了解隱喻的特性，將有助教學的學習過程順暢。

一、隱喻和類比的特性

　　以隱喻和類比作爲教材設計的特殊策略時，應把握它們的特性而作爲設計的必要條件：

㈠相似的背景知識

　　隱喻是以舊知識的經驗背景下，聯結新知識，以達到學習的目標。因此，如果要以隱喻來幫助溝通或理解，聽者或學生必須要有「類比物」或傳達媒介的知識，所以有相似背景的知識或經驗是隱喻的第一個特性。

㈡想像性

隱喻常藉傳達媒介的想像來幫助理解和記憶。研究發現，類比物加上想像可以產生最好的延遲回憶，若以說明加上想像，則可以產生最優質的短期回憶。例如在教學上最常被使用在文學詩詞中的隱喻，可增進學生高層次的認知學習經驗。

㈢個體不同的認知能力

認知學者 Vosniadou（1987）認為個體間及同儕間對不同隱喻的了解有差異，因為隱喻能力是以能察覺客體間相似的能力作基礎，這種能力對譬喻的產生很重要。

二、隱喻和類比的類型

最常見的隱喻和類比之型式為比較式，也可依認知理論對於人類大腦所記憶的知識類型而有陳述性、條件性和程序性之分，舉例如下：

1. 陳述性：蘇格拉底是西方的孔子。
2. 條件性：水對人的重要性、正如竹對貓熊的重要性。
3. 程序性：太陽生命的變化過程就如同人的生命變化過程一樣。

Joyce 和 Weil（1992）在其「教學模式」（Models of Teaching）中指出，隱喻是提高學生創造性思考的有效教學策略，他們將隱喻和類比的名詞交互使用，不作明確區分，並指出隱喻在引發創思上可以分為三種類型（p.168）：

1. 直接類比（direct analogies）

橘子就如同什麼有生命的東西？

學校如何像生菜沙拉？

北極熊如何像冷凍的酪乳？

哪一樣較軟？──一個耳語或小貓的毛？

2. 個人化的類比（personal analogies）

你是一朵雲。你在哪裡？你在做什麼？

當太陽出來並曬乾你時，你會有什麼感覺？

假裝你就是你喜愛的書，你怎麼描述自己？

你的三個願望是什麼？

3. 壓縮的衝突（compressed conflicts）

如果電腦是害羞的和侵略的，它會是如何？

什麼樣的機器會如同一個微笑和一個皺眉？

大體而言，隱喻類型可分上述主要幾種類型。總之隱喻／類比是從整體到部分，由上而下的多目的之認知教學策略。藉著一組相關概念或命題在相似性的屬性下，以並置的方式從傳達媒介（類比物）轉移到新課題，以輔助新知識的建立。

第二節
非教學的和教學的隱喻／類比之使用

　　文學作品中有許多隱喻的應用，作家如果沒有使用隱喻，很多偉大的作品將失去光彩。以下為中外各一則使用隱喻的著名例子：

再別康橋（徐志摩，1928）

輕輕的我走了，

正如我輕輕的來；

我輕輕的招手，

作別西天的雲彩。

那河畔的金柳，

是夕陽中的新娘；

波光裏的艷影，

在我的心頭蕩漾。

軟泥上的青荇，

油油的在水底招搖：

在康河的柔波裏，

我甘心做一條水草！

那榆蔭下的一潭，

不是清泉，是天上虹揉碎在浮藻間，

沉澱著彩虹似的夢。

尋夢？撐一支長篙，

向青草更青處漫溯，

滿載一船星輝，

在星輝斑斕裏放歌。

但我不能放歌，

悄悄是別離的笙簫；

夏蟲也為我沉默

沉默是今晚的康橋！

悄悄的我走了，

正如我悄悄的來；

我揮一揮衣袖，

不帶走一片雲彩。

　　　　　一九二八年十一月六日中國海上

　　下面則是一段文字以世間的美好明亮對照哈姆雷特（莎士比亞著）心中的抑鬱晦暗。譬喻鮮活、想像澄澈、節奏分明，稱得上佳妙的散文詩。

　　……我最近，也不知道為什麼，失去了歡樂，

平常的運動什麼也不做；真的，我的心情沈重得連
地球這個完好的結構在我看來都像荒地一片，天空
這美麗的穹蒼，你看，這燦爛的天幕，這鑲嵌了火
一般黃金的雄偉屋頂，唉，在我看來只不過是一團
烏煙瘴氣。人是何等的傑作，理智何其高貴、能力
何其廣大、形狀和動作何其完美優秀，行為多像天
使、理解能力多像上帝：世間的美貌、動物的典範—
—然而，對我來說，這純粹的塵土算是什麼呢？

引自彭鏡禧之「是誰啊？」

聯合報 87.5.6

　　教師使用隱喻／類比的目的不似文學創作者，如上述的
二個文學隱喻給予讀者美感的和想像的感官經驗，而教師的
比喻教材較偏向於為促進理解和創造思考能力。

　　Glynn（1989）曾歸納類比教學對學習有解說性（explanatory）及創造性兩種不同功能。類比的解說性功能是指學習
者用已知的事物去解釋新事物，讓學習的效率提高。創造性
功能則是指透過類比的應用來幫助學習解決問題、發現問題
及產生假設（引自吳正已，民84，p.7）。以下為教學上應用
類比的兩個例子：

【例一】：以水流比喻電流

（陳瓊森，民85，p.18）

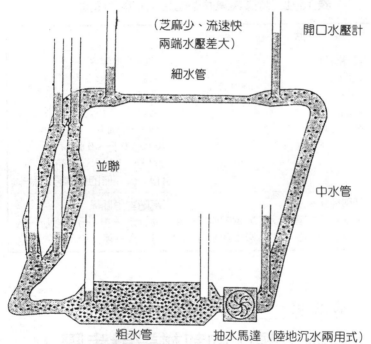

（芝麻少、流速快　　開口水壓計
　兩端水壓差大）

細水管

並聯

中水管

粗水管　　　　　抽水馬達（陸地沉水兩用式）
（芝麻多、流速慢
　兩端水壓差小）

小黑點代表水中的芝麻

開口水壓計測量水壓

兩開口水壓計測得水管兩處之水壓差

圖 10-1　直流電路之封閉水流水壓模型

【例二】：以時鐘類比電腦的巢狀迴圈之相似性

（吳正已，民 84，p. 39）

表 10-1　時鐘與巢狀迴圈相似對應的關係

巢　　狀　　迴　　圈	時　　　　鐘
初階對應關係： 最內層迴圈 第二層迴圈 最外層迴圈 控制變數 I, J, K 起始值 終止值 遞增值	初階對應關係： 秒針 分針 時針 秒、分、時 0 秒、0 分、0 時 59 秒、59 分、23 時 秒、分、時的遞增值均為一
高階對應關係： 最內層迴圈執行完畢，第二層迴圈執行一次 第二層迴圈執行完畢，最外層迴圈執行一次	高階對應關係： 秒針走一圈，分針移動一格 分針走一圈，時針移動一格

第三節
隱喻／類比的教材設計步驟

教學上所選擇的隱喻／類比媒介需要教師審慎的選擇，因此採用系統化的教材發展程序較能確保媒介物的品質，吳正已（民 85）在經過二年的類比電腦教材的設計經驗後，提

出了一類比教材發展步驟的模式（p. 37）：

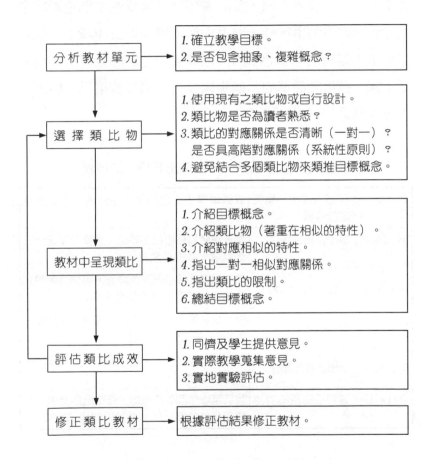

圖 10-2　修正後類比電腦教材發展模式

　　Joyce 和 Weil（1992）認為發展類比教材的步驟程序應視
教學的目的而有所不同，設計者如為了讓學生用創造新的形
式去觀看熟悉的事物時，則用六個步驟（如表 10-2）；如為
了讓學生能利用熟悉的事物去理解或內化新的教材，則用七
個步驟。茲以較簡單的六個步驟及其中第二及第三步驟的師
生對話摘錄如下（p. 169）：

表 10-2　教學策略一，創造出新想法的步驟

第一階段：描述或提出一個特定的情境	教師讓學生描述情景或他們現在感受的情景。
第二階段：舉出直接的類比	學生建議幾個直接的類比，選擇其中之一並予以進一步的探索或描述。
第三階段：「個人化」此類比	學生想像如果自己是所類推的事物或處於如此情境，會有如何的感覺或作法。
第四階段：促成衝突	學生根據第二和第三階段的描述，建議幾個衝突性的想法，再選擇一個。
第五階段：舉出直接的類比	學生根據衝突性的想法，再產生和選擇另一個直接的類比。
第六階段：重新檢討原本的工作	教師讓學生回到原來的工作或問題情境，並使用最後的類比和整個共同討論的經驗。

1. 老師：現在你們把焦點放在 Eric 所玩的機器上，什麼特質是與 Eric 的特質類似？

2. 教師提醒學生他們正在進行的事，以導引他們提出更有創意的類比。

學生：電動的開罐器

學生：吸塵器

學生：霓虹標誌

學生：做果凍用的模型

2. 老師：什麼機器會和 Eric 形成最奇怪的對比？大家來投票。（全班投票決定是洗碗機。）

2. 教師讓學生選擇要進一步發展的類比，但這次他先設了一個選擇的標準：「最奇怪的對比」。

3. 老師：首先，洗碗機是如何運作的？

學生：人們放進髒的碗盤，洗碗機裡的水就把髒東西洗掉，這些碗盤就乾淨了。

學生：洗碗機裡有一個吹風器。

學生：洗碗機裡面都是蒸汽，很熱！

學生：我剛剛在想如果你要在洗碗機和快樂之間做一個類比……。

3. 在學生將他們所選的機器與原本的來源作比較之前，教師只讓他們描述或探索此機器。

4. 老師：等一會，跟著我的步

4. 教師控制學生的反應以使

驟，不要太快就回到前面的類比內容做比較。現在似乎快了些。

5.老師：OK！同學們現在試著想像自己是一個洗碗機，想像當一個洗碗機的感覺如何？告訴我們，使自己變成洗碗機。

　　學生：嗯，人們把所有的餐具給我，碗盤是髒的，我一直努力嘗試把它們弄乾淨，我噴出一些蒸汽，最後把它們弄乾淨，這是我的職責。

學生不要太快就進行比較，在還沒有進行到另一個類比前，不回溯至非常早期的想法做比較。

5.第三階段：個人的類比。教師要求學生想像自己成為所選擇的類比。

隱喻／類比的限制：

　　類比雖可化繁為簡，將複雜的抽象的概念變成可理解而具體的知識，然而不當的運用譬喻，對學生的學習會有很大

的阻礙，而產生學習上所謂的「迷思概念」。學生往往嘗試將類比物的每一項特性都類推至所欲學習類比的新概念上，產生過度的類推。

結語

隱喻和類比有別於其他大家較熟悉的認知教學策略，如概念構圖、問題解決法等，其教材特色是具象的、類推的和高自由創造的新舊知識的聯結，以促進學習的理解。隱喻和類比以較靈活的對照式呈現教材，不論是教師事先準備的或教學過程中學生發展的內容，均因學生有機會利用現有的相關知識架構，並採用較具體的思維方式去體會、想像，因此學習的過程並非只是概念的擴充而已，既有概念或新的概念或兩者之間有機會順利的重新建構。

從本章的諸多例子可知，隱喻／類比法可用於語文科、社會科和自然科等不同領域的學習內容上，因此教師不要自我設限，在某些單元／設計時嘗試採用此類的認知教學策略，說不定能獲得出乎意料之外的學習效果。

參考文獻

吳正已（民 84）。類比式電腦教材研究發展㈠：教材發展模式。行政院國家科學委員會專題研究計畫成果報告。

吳正已（民 85）。類比式電腦教材研究發展㈡：教材發展模式。行政院國家科學委員會專題研究計畫成果報告。

陳瓊森（民 85）。發展智慧型電腦輔助學習系統來診斷學生的電學迷思概念與幫助學生學習電學。國立台北師院：視聽教育新科技國際研討會。

Glynn, S. M. (1989). The teaching with analogies model: Explaining concepts in expository texts. In K. D. Muth (Ed.). *Children's Comprehension of Narrative and Expostitory Text: Research into Practice* (pp. 185-204). Neward, DE: International Reading Association.

Joyce, B., & Weil, M. (1992). *Models of teaching.* (3rd ed.). Englewood Cliffs, NJ: Prentice Hall.

Vosniadou, S. (1987). Chlidren and metaphor. *Child Development, 58,* 870-885.

第十一章

情境學習的教學設計

　　有效學習環境應建立在適切的教學內容、方法和程序的佈局上，而教師可以決定的佈局型式隨時代的推進而愈趨多元化。情境學習（situated learning）是根據近代認知心理學所發展出的一種教學模式（Brown, Collins & Duguid, 1989; McLellan, 1993），其基本假設爲讓學生直接在真實情境下或擬真實（似真的）情境之下學習，是教學設計上最好的一種佈局。因此，教導學生放大鏡，就不必在書本上或電腦上認識放大鏡照片的結構圖，直接讓學生操作放大鏡並利用其觀察某一物品是教學上最好的安排。又如讓學生編班刊出版，則是一種瞭解現實世界存在的事物（報紙）及其製作歷程之合科課程的學習活動設計。情境學習並不是目前台灣大、中、小學老師所習於安排的一種教學型式，然而它卻是當今建構主義取向教學、全語言學習（whole language）或多元智慧（multiple intelligence）教學等所倡導的一種教育方法，也是身爲二十一世紀的教師不得不熟習的教學能力之一。

第一節
情境模式與目標模式的教學比較

　　傳統的教學模式較偏向目標取向，也就是教師在教學前先擬定清楚的、具體的學習目標和評量內容，也計畫了相當

固定的教學程序，然後依照執行課室教學，基本上，其是以行爲心理學派的觀點爲依據。

　　情境模式的教學雖然也注重教師在教學前對目標、學習情境和教材等的考慮，但希望學生在學習過程中能透過人與其情境脈絡的實際互動，因而成爲知識的主動建構者。表11-1即說明情境模式和目標模式在教學原則上的差異（引自陳麗華，民86，p.28）：

表11-1　情境模式與目標模式的教學觀比較

模式 項目	目　標　模　式	情　境　模　式
學習者的本質	◆心靈是世界的忠實反映者（mirror）。 ◆學習者是知識的容受器（acceptor）。 ◆學習者是空白的石板，教師可在上面蝕鏤一些訊息。	◆心靈是世界的建造者（maker）。 ◆學習者是建構知識的行動（agent）。 ◆學習者是不斷用各種理論探究世界的思考者。
學　　習	◆課程就是目標。教材和活動的設計，採用合理的系統化教學設計進行，以達成既定目標爲依歸。 ◆教學設計以確認目標爲先，以具體、可觀察、可測量等規準，詳細分析預期行爲表現。 ◆採由部分到整體的方式呈現，強調基本知能。	◆課程就是經驗。教學設計旨在營造師生互動、探究和思考所需的教與學情境。衡量學生的「潛力發展區」，設計足夠豐富、複雜且蘊涵多層次、多角度意義的學習情境，以允許學生自由創造，產生各式各樣的學習結果。 ◆教學設計不一定要事先確認預期的學習結果，而是傾向於指

情 境	◆堅守固定的課程。 ◆教學活動的發展，高度依賴教科書和習作。	出教學活動的發展方向、教學重點或情境的安排。 ◆採由整體到部分的方式呈現，強調大概念和學習任務。 ◆因應學生的反應調整課程。 ◆教學活動的發展，重視第一手的原始資料，以及操作性、互動性的材料。
教 學 與 評 量	◆教學是分割成數個系統化步驟或要素的過程。 ◆教學的發展是線性的，以達成既定目標為鵠的。 ◆學習評量和教學分開，而且經常是採用測驗的方式。 ◆評量是評價學習結果的優劣。	◆教學是統整的，各項要素交融成統整的過程。 ◆教學的發展是辯證的，以環繞主題的方式展開。 ◆學習評量和學習活動密合成一體，而且經常透過真實性活動和評量進行。 ◆評量是讓學生自省和校正學習進展的過程。
教 師 角 色	◆教師是教學設計的忠實消費者和執行者。 ◆教師的主要工作在做周詳的教學計畫，並忠實貫徹之。 ◆教師通常以指導的方式，引導學生表現預期的學習結果。 ◆教師以正確答案，來評量學生的學習是否有效。	◆教師是教學設計的詮釋者、批評者和再創造者。 ◆教師的主要工作在營造學習環境，並引導學生關注情境或問題解決活動中的重要面向。 ◆教師會鼓勵和接納學生自主和自發性的表現。 ◆教師不急於評價學生的答案，會進一步探求學生的觀點，了解其現有的概念，作為往後單元教學的參考。

第二節

情境教學的特色

　　情境教學認為知識學習只有在其所產生及應用的實際活動與情境中才發生意義，與真實性的社會脈絡脫離不了關係。情境教學理論包含以下的特色：

一、分散式的智慧（distributed intelligence）

　　一個概念存在於許多不同情境中，正如在語言中，任何一個字彙語句的意義皆是由它所處的上下文段落背景來決定。當我們進行學習時，是與整個脈絡環境互動，從分散在不同背景的資源去比較，進而釐清知識意義。

二、真實性的工作（authentic work）

　　情境教學論反對學校刻意安排的學習環境，一個有意義的知識必須要從真實性的工作、自然的生活環境中學得（楊家興，民84）。

三、純自然的學習評量（seamless assessment）

知識習得既在真實脈絡環境中發生，學習評量也必要在真實情境中施行才具教育意義。情境教學論採用「純自然的學習評量」或稱「真實性評量（authentic assessment）」方式，以學生在學習過程中所表現出來的活動及完成作品來做評估（楊家興，民 84）。情境式學習評量強調學習者自我參照、高層次思考、學習者中心、自我建構、持續且自然進行等原則。目前常見的評量方法有作品集、摘要統計法、診斷法、自省法、故事創作等。

四、社會互動（social interaction）

情境教學論提出「文化進潤」的主張，這是一種社會文化的學習觀，從文化環境角度透視知識。學生需在學習過程與其他人共同探究情境中的線索，分享彼此專長及觀點（楊家興，民 84）。茲以一社會科情境學習的教材發展例子說明如下：

【例】：社會科情境教學學習單設計

設計者：謝秀青

小組安排說明：四個人一組。並推派小組長、記錄者和報告者。

人 物 介 紹：小明，十三歲，國中生。

小明的父親，四十二歲，中小企業董事長。

故事情節：

今天是難得的假日，天氣也相當晴朗，實在是個適合郊遊踏青的好日子。小明的爸爸邀請小明和他一起去爬陽明山，小明因為隔天要考數學，但又不便拒絕父親的好意，只好勉強的答應了。

兩人終於上路，沒想到山下風和日麗，越往上走，天氣卻逐漸變差，不但氣溫下降，而且開始下起雨來。原本就不想來爬山的小明，現在更加意興闌珊，他對父親說：「天氣很冷，我們回家好嗎？」爸爸也許沒有聽到小明的話，所以沒有回答，他仍然往上走。小明一氣之下，就自己往回走，回到家裡附近的圖書館準備明天的功課。等到小明的爸爸發現時，已不見小明的蹤影，心急如焚的爸爸一時之間不知道該如何是好。

一、在爬山之前，我們除了準備好各種物品外，尚需注意天氣，請問，從哪些地方可以獲得詳細的氣象資料？

二、如果爬山時發生意外，可以向哪些單位求救，請去查出他們的名稱和聯絡方式？（至少三個單位。）

三、你覺得小明這種作法對嗎？有哪些要改進的地方？

五、教師的新角色

　　教師角色需由知識傳播者（dispensers）轉變為學習的促進者或類似教練之角色。學生要置身於真實情境中觀摩教師行為，與周遭環境互動，教師從旁觀察並於必要時提供協助，以示範、鷹架（scaffolding）等方式支持學生學習。

六、教學環境

　　安排情境式學習環境除應考慮其豐富性外，也要考慮符合學習遷移、意義性的原則，亦即應能同時滿足近的學習遷移（水平遷移）和遠的學習遷移（垂直遷移），也能應用資訊、原理等靜態知識至不同情境的靜態遷移與學習策略高層次認知應用的動態遷移。此外，令學生感覺有意義價值，而為了分數討好教師勉強學習也十分重要（蔡錫濤、楊美雪，民85）。

　　由此可知，情境也是一種高層次的思考，藉著非結構化及真實的任務，培養學生推理、後設認知及問題索解之技巧。

第三節 ————————
情境式教學的設計原則

　　情境式教學內容可分爲領域知識、控制策略及學習自我啓發策略等項。領域知識所指的是某學門基本的知識、處理事物的程序、一組事物共通特性之概念、原則、態度和價值觀等。控制策略是教學生如何設定目標、做策略性計畫、監督計畫執行、評鑑計畫設計與執行，以及修正計畫。學習自我啓發策略則是學習如何學習，包括新領域的真實情境探索、整合新舊知識，以及知識的精緻化（蔡錫濤、楊美雪，民85）。

　　Collins（1994）建議教師在發展教材教法時應把握的重要原則如下：

1. **真實性**：學生之學習態度、技能、知識，需從他們應用的真實情境中獲得，以使學生將所習得之知識立即運用於生活中。
2. **交織性**：要求學生於完成任務和熟習特定知識間交替學習。使學生能一面學到解決問題的能力，一面學到可應用至各情境之共通知識。

3.**連結性**：教導學生對所學做深入思考，有利於學習遷移。

4.**反思性**：引導學生不斷反省，幫助學生知道自己完成的工作是否有效，並和生手或專家比較，避免重蹈覆轍或汲取訣竅。

5.**循環性**：令學生反覆執行計畫、反思，使學生精益求精。

　　真實情境的教學評量，與過去一般評量方式亦有所不同。它包含較多統整式閱讀和寫作的作業，並以學生具代表性作品為評量對象，如要評估學生是否瞭解林肯總統在蓋茲堡發表演說的時代背景，可以請學生準備一段電視新聞轉播，以便考驗學生是否能運用現代科技來報導這個事件，而不只是簡單記誦這段演說罷了。學生寫作的作品多以「學生學習成果檔案」方式蒐集，研究和探討的工作則要學生分組參與，相互討論諮商。學生有時被要求立即解決問題，有的問題則要一段長久時間才能完成。在此制度下，答題速度並無限制，學生甚至可在整學期內分期完成，以證明其學習成就（單文經，民84）。

第四節
應用情境教學的實例舉隅

一、多元媒體的運用

　　多媒體可以作為實現情境教學論的有效工具。多媒體提供逼真的脈絡環境，其課程軟體不以線性方式，直接點明知識間的關係，學生需從隱藏在知識庫中的有用知識尋找解決的方案。且多媒體鼓勵學生主動嘗試與練習學生間的合作學習。此外，它可以自動記錄學生工作表現，並追蹤學生在解決問題及找尋資訊過程之所有活動，或甚至記錄學生定義的問題、計畫、回饋、評論、策略及處理記錄。這些都可以作為教師評估學生學習成就、診斷學習困難的憑據。

　　徐新逸（民 84）曾以影碟多媒體科技為基礎，參考美國 Vanderbilt 大學的認知科學群的一套稱為 The Jasper Series 的教材（CTGV，1990），設計一套本土化「錨式情境教學法」之教學系統：《生活數學系列：安可的假期》，以故事性的方式敘述一個冒險故事，陳述出許多複雜待解決的問題給學習者，令其運用隱藏在故事陳述中的資料做問題解決的工作，

見圖 11-1 和 11-2。延伸此一觀念，乃要學生做"what if"的思考，並跨越不同學科領域，結合於教材中。

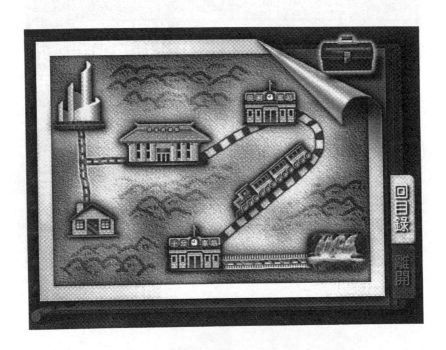

圖 11-1 「安可的假期」多媒體影碟附圖一

圖 11-2 「安可的假期」多媒體影碟附圖二

二、認知學徒制

　　認知學徒制教學模式如下：首先，教師大量蒐集現象世界中可用有用的材料建立知識資料庫。在開始教學的階段，教師使用熟悉的現象世界活動為任務去引起動機，藉引導學

生隱含在現象世界活動的知識規則，建立鷹架結構的認知系統，再推演至其他不熟悉現象世界問題，後再將問題分解成陳述性知識、策略性知識、後設認知知識，教導學生運用多元練習，按照多元練習的特殊任務，進行評鑑。教師針對評鑑結果加以指導或修正學生表現。最後經由教學活動涵化學生，使他們獲得學習文化的認知工具，並能有效使用字彙和通則去練習、討論、回答、評鑑及建立有效學習和使用知識的程序（陳木金，民 84）。

　　以 Lampert 教導學生數學解題為例。她在開始教乘法時，以現象世界程序問題為情境脈絡，教學第一階段以簡單的錢幣問題如「僅使用 Nickel 及 Penny 兩種錢幣，如何湊得 82 分錢？」幫助學生發現隱含的知識。第二階段中學生要為乘法問題編造故事，他們表現一系列分解成分，但最後發現只有或多或少的分解成分有效。在第三階段才逐漸介紹標準的演算方法，而且每一個方法都在日常生活中具有意義和目的。最後學生發現方法去縮短演算過程，且常能達到標準演算方法。這便形成一個有用的策略，幫助學生解決日常生活遭遇的問題（陳木金，民 84）。

三、不同學科應用舉隅

㈠英語文

　　要求學生參加為期三天的團體討論，使他們面對許多範圍廣泛的文件參與閱讀、討論、寫作、編輯及改寫等，其目的在幫助教師瞭解學生在真實情境中完成作業的進步情形。另附一情境教學的材料設計於例二。

【例二】：情境式英語科學習材料

設計者：李秀蘭

人物介紹：

阿寶：愛吃東西的大男生，是個手語社的頂尖人物。

多青：常出國去遊學，且講得一口流利的英語。

小紅：沈默寡言，但她是個愛畫畫的女孩。

祈勝：聰明能幹，是班上的模範生。

故事情節：

　　阿寶、多青、小紅、祈勝四人是國中的同班同學，彼此的友誼很不錯。

　　無聊的期中考又好不容易捱過了，阿寶向其他三人提議好好的去慰勞自己，商量的結果，他們決定大吃一頓。這時

候阿寶按捺不住高興的說道：「Let us go to McDonald's。」
而他們身上加起來的零用錢一共有五百元。平時不多說話
的小紅就建議把五百元全花掉！大家聽了，都覺得這點子
「好有創意」。

　　當他們四人來到一間正在全面實施英語化交談的麥當
勞時，正是午餐的時間。這時候來光顧快餐店的人群非常
多，阿寶就提議和小紅去佔位子。

問題：　1. 冬青與祈勝正在排隊要點餐，而他們腦子裏正想
　　　　　　到要怎樣去花掉的事。請問五百元他們可買到怎
　　　　　　樣的餐點？（恰好四人吃的份量，而不會造成多
　　　　　　買且浪費。）
　　　　2. 阿寶與小紅好不容易在兒童遊樂區內，找到有四
　　　　　　個座位的空餐桌，但其隔壁桌卻坐了一位啞吧的
　　　　　　年青人，而且這位老兄正拿起打火機，想抽煙呢！
　　　　　　這時候阿寶與小紅應採取怎樣的措施比較適合？
　　　　3. 當他們正在享受價值五百元的餐點時，突然傳來
　　　　　　一位小女孩的哭泣聲。這時候他們應怎樣去處理
　　　　　　這件事情比較適合？

有關的資料
　1. 麥當勞的 MENU 及禁煙的廣告。

漢堡 Hamburger 29	吉事漢堡 Cheeseburger 33	麥香堡 Big Mac 95			$20小柳橙汁 (S) $20 Orange Juice	薯餅 Hash Brown	滿福堡 Egg McMuffin 30	豬肉滿福堡加蛋 Sausage McMuffin W Egg	豬肉滿福堡 Sausage McMuffin
麥香魚 Filet-O-Fish 63	麥香雞 McChicken 63	照燒豬肉堡 Tenyaki 50					滿福堡餐 Egg McMuffin Meal 65	豬肉滿福堡加蛋餐 Sausage McMuffin W Egg Meal	豬肉滿福堡餐 Sausage McMuffin Meal
麥克雞塊(6) 6pcs McNugget	麥克雞塊(9) 9pcs McNugget	麥克雞塊(20) 20pcs McNugget					蛋堡 Egg Burger	火腿蛋堡 Egg Burger W/Bacon	豬肉蛋堡 Egg Burger W Sausage
原味炸雞(1) 1pc Orig McFried Chicken 49	香辣炸雞(1) 1pc Spicy McFried Chicken 49						蛋堡餐 Egg Burger Meal	火腿蛋堡餐 Egg Burger W/Bacon Meal	豬肉蛋堡餐 Egg Burger W Sausage Meal
麥香堡餐 Big Mac Meal 120	麥香雞餐 McChicken Meal 63	六塊麥克雞塊餐 6 McNuggets Meal 95	照燒豬肉堡餐 Tenyaki Meal 80	麥香魚餐 F.O.F Meal 80	漢堡餐 Hamburger Meal 52	二塊炸雞餐(原味) 2pcs M.F.C Meal 120	二塊炸雞餐(混合) 2pcs M.F.C Meal 120	二塊炸雞餐(香辣) 2pcs M.F.C Meal 120	
薯條(小) Fries(S) 20	薯條(中) Fries(M) 30	薯條(大) Fries(L) 35			炸雞兒童餐(原味) M.F.C(Orig)H.M	漢堡兒童餐 Hamburger H.M 65	四塊麥克雞塊餐 McNugget H.M	炸雞兒童餐(香辣) M.F.C Spicy.H.M	
可樂(兒) Coca Cola/C	可樂(小) Coca Cola/S 22	可樂(中) Coca Cola/M 27	可樂(大) Coca Cola/L 32	冰紅茶(小) Iced Tea/S	冰紅茶(中) Iced Tea/M	冰紅茶(大) Iced Tea/L 32	$30玩具 $30 Toy	牛肉片 Beef Party	吉事片 Cheese
芬達(兒) Fanta/C	芬達(小) Fanta/S 22	芬達(中) Fanta/M 27	芬達(大) Fanta/L 32	冰咖啡(小) Iced Coffee/S	冰咖啡(大) Iced Coffee/L	冰紅茶(兒) Iced Tea/C	B.P.貴賓費 B.P Guest	B.P.壽星費 B.P Celebrant	
雪碧(兒) Sprite/C	雪碧(小) Sprite/S 22	雪碧(中) Sprite/M 27	雪碧(大) Sprite/L 32	柳橙汁(兒) Orange Juice/C	柳橙汁(小) Orange Juice/S 22	柳橙汁(大) Orange Juice/L 30	餐券 Gift Certificate		
健怡(兒) Diet Coca Cola/C	健怡(小) Diet Coca Cola/S 22	健怡(中) Diet Coca Cola/M 27	健怡(大) Diet Coca Cola/L 32	牛奶 Milk		冰紅茶桶 OJ Bowl	香酥蘋果派 Apple Pie 30		$20香酥蘋果派 $20 Apple Pie
巧克力奶昔 Chocolate Shake 42	草莓奶昔 Strawberry Shake 42	香草奶昔 Vanilla Shake 42	蘑菇馬鈴薯濃湯(小)(S) Mushroom Soup	蘑菇馬鈴薯濃湯(大)(L) Mushroom Soup		$20小蘑菇馬鈴薯濃湯 $20 Mushroom Soup	蛋捲冰淇淋 Ice Cream Corn		$20巧克力聖代 $20 Chocolate Sundae
熱咖啡 Hot Coffee 25	熱紅茶 Hot Tea 25	熱巧克力 Hot Chocolate 25	玉米湯(小) Corn Soup(S) 30	玉米湯(大) Corn Soup(L) 35	$20小玉米湯 $20 Corn Soup(S)		巧克力聖代 Chocolate Sundae 10	草莓聖代 Strawberry Sundae 10	$20草莓聖代 $20 Strawberry Sundae

統一編號：	外帶：	內用：

㈡科學

學生將事先已準備的材料作一線路，預估何種材料會導電，試驗各種假定，並記下結果。另一例為讓學生將所蒐集的樹葉建立一套分類系統，若發現一種新葉，必須重新分類，該如何做調整，試說明之。或要學生運用提供的各種器材估量水的各種特性，或要其就取得的湖水樣本進行化學測試，並發現魚類死亡原因。

㈢歷史社會科學

學生修習「革命戰爭」單元，在參加診斷測驗後學生需組成小組去找尋資料、討論發現、進行深入的研究，並製作一份報紙等，彷彿他們生活在當時一樣。

結語

如果我們觀察一般坊間為青少年所喜愛的電動玩具軟體，可以發現愈似真的動態軟體型式愈受歡迎，亦即情境式設計是這些電玩軟體的主軸。相對而言，學生在學校的一些傳統教學型式下學習是相當「沉悶」的，因此各級教師加強情境式教學設計的能力是必要的，如本章所舉的設計例子，教師

將發現根據情境學習教材的發展原理，此類教材的發展並不困難。

　　認知思維的、情節的、圖像的、完形的記憶運作是情境學習的基礎，此種教學法不僅可以增加情境學習的重要性，教材內容的意義性和吸引力，更可以增加學生應用多元智慧的機會，因此，可促進教育即生活的教育目標之達成。無論是電腦的或非電腦的情境學習教材，均有賴各級教師積極的開發。

參考文獻

徐新逸（民84）。「錨式情境教學法」教材設計、發展與應用。視聽教育雙月刊，37(1)，14～24。

陳木金（民84）。「教與學」的另一種原理：認知學徒制。教育研究，45，46～53。

陳麗華（民86）。情境模式的教學設計。教育資料與研究，16，26～34。

單文經（民84）。美國加州小學推動「真實情境的教學評量」。台灣教育，534，18～21。

楊家興（民84）。情境教學理論與超媒體學習環境。教學媒體與科技，22，40～48。

蔡錫津、楊美雪（民 85）。情境式教學設計。教學科技與媒
　　體，30，48～21。

Brown, J.B., Collins, A., & Duguid, P. (1989). *Situated cognition
　　and the cultutral of learning.*

Cognition and Technology Group at Vanderbilt (CTGV) (1990).
　　*Anchored instruction and its relationship to situated cognition
　　Educational Research, 19,* 2-10.

Collins, A. (1994). Goul-based scenarios and the problem of situ-
　　ated learning: A commentary on Andersen Consutling's de-
　　sign of goal-based scenarion, *Educational Technology, 34*(9),
　　30-32.

McLellan, H. (1993). Evaluation in a situated learning environ-
　　ment. *Educational Technology, 38*(3), 39-45.

第十二章

問題解決的教學策略

　　我們在生活中除了數學的問題外，經常面對有待解決的問題情境，小的問題如配合天氣應該穿什麼衣服、買東西的選擇；大的問題如交友、婚姻與職業的選擇等。尤其現代的社會環境愈趨複雜化，似乎每個人所面對的問題更是層出不窮，因此提昇學習者解決問題的能力是目前教育目標不得不加以重視的。此種解決問題的教導不能僅透過單純知識的灌輸，而是要加強學習者過程導向的學習經驗，因為「知識是一種過程，而非產品」，如讓學習者主動的探索問題的性質，分析事物的結構和找尋解決問題的方法，則他們能變得思考敏慧，自信且獨立，對解決未來生活中面對的各方阻力與問題，將大有助益。

　　「使每一位學生都能成為優秀的問題解決者」是世界各國學校教育的重要課程目標，我國亦不例外。然而，由於過去升學主義和聯考制度的牽制，教師在教導解決問題相關的內容時，往往未能採用適當的方法，而把這些內容當作和其他知識類型無異的材料，因此究竟有多少學生透過學校教育而成為高能力的問題解決者，實在令人不敢樂觀，不過這也確定了從事教育者努力的方向。本章將針對問題解決的定義、範圍、問題解決的學習，以及問題解決的教學策略依序加以闡述。

第一節
問題解決的界定及其在學習上的地位

　　問題解決似乎是一非常口語化的名詞，然而在教學心理學上，它具有特殊的意義，蓋聶（1985）描述通常一個問題（a problem）的出現是指個體設定了一個目標，但尚未找出達到目標的方法。問題解決（problem solving）則是指個體能辨識和應用其知識和技能以成功地達成目標。Mayer（1992）認為一個問題的存在包含了三個要素：一為起始狀態（initial state），一為目標或答案狀態（goal state or solution），三為困難或障礙（obstacles or barriers），問題的解決是個體克服了問題的障礙而將起始狀態改變成目標狀態的過程。

　　學校學習的課程包含了很多問題解決的學習內容，如就解題過程的特性加以分類，可分為實驗的解題與非實驗的解題兩大類。實驗的問題解決，涉及以「科學方法」的解題過程，其特性為以假設─驗證（hypothesis-testing）為導向；而非實驗的解題則涉及以非實驗的程序達成解題的目標（王美芬、熊召弟，民84）。前者通常包含在自然科目和數理科目之中，如要求學生實驗紅豆和綠豆的發芽和生長速度的差異，不同金屬的導電性，或數學題如「在幾何證明題中教導學生

劃出輔助線」。非實驗性的問題解決情境如「如何淨化台灣的選舉？」「讀書和娛樂的安排如何才能恰當？」「指出你最喜歡的唐朝詩人，爲什麼？」。影響學生解決問題的因素很多，如個體本身的心智能力和相關的學習經驗，問題是良好結構（well-structured）或是不良結構（ill-structured）的呈現，以及問題的難度和可解性等等。有時學生不能解題並不是他不會，而是問題本身的題意不清，屬不良結構型。

　　在學習的內容上，相對於一般語文的、動作的、原理原則等的刺激材料，問題解決的學習是高層次的學習。如根據羅柏・蓋聶（Robert Gagné）對學習層次（learning hierarchies）的闡釋，問題解決能力是一種應用原則去解題的智慧技能（intellectual skills），是學校學習的重要目標，因爲個體的解題練習是一種思考行爲的新經驗，能夠將此能力類化到相似的或完全未遭遇過的問題情境中，這種高層次的習得能力超越了其他較低層次的智慧技能，後者由低至高的順序分別爲聯結技能、辨別技能、概念學習技能和原則學習技能（Gagné & Briggs, 1985）。

　　通常當個體面對一問題解決的學習時，他會試著思考與這個問題有關的知識，並判斷解題所需的重要概念和規則，如果個體無法回憶重要的相關規則或無法根據一些附屬規則（subordinate rules）以組合成一種更複雜的規則型態，則個體無法解決問題，以上即是蓋聶所謂的解題學習之內在條件

（internal conditions），也就是個體本身心智能力的條件，例如一數學題：「甲數的 7 倍是 4，乙數的 5 倍是 8，丙數的 4 倍是 3，問甲、乙、丙三數那個最大？」當個體面對此一問題時必須先判斷這是一個與分數和最小公倍數相關的問題，解此題的重要數學規則是根據題目敘述中的某個倍數為一特定數值（如甲數的 7 倍是 4），這個特定數值應做為分子，倍數應作為分母；另一數學規則是找出這三個分數的分母之最小公倍數。當個體能將解題的相關概念和規則作一新的統整以面對問題情境時，則獲得學習上的成功。蓋聶另指出問題解決學習的外在條件（external conditions），乃是促進成功解題的外在輔助性安排，當個體在解題時，教導者完全避免或儘量減少語言的提示，由個體自己發現解題的高階規則（higher order rule）是最佳外在條件的安排（Gagné, Briggs & Wagner, 1988）。

Wickelgren（1974）曾對成人如何解決文字敘述的問題做過研究，並歸納以下五種成人所採用的方法：(1)根據問題的條件推衍某種轉換的概念（transformed conceptions）；(2)編排行動的順序，而不是隨機的選擇；(3)針對問題的特性選擇朝目標接近的行動；(4)辨別問題的條件和目標之間的矛盾；(5)將整個問題分解成一些「部分」；(6)從目標的敘述反向操作。上述的方法均可從測驗成人智力的問題或數學的代數題、幾何題中發現。

　　受制於成熟和經驗，一般而言，兒童的問題解決能力比成人差些，兒童不能使用較複雜的或適機轉換的策略，他們最常使用的問題解決方式，是嘗試在每次的移動中增加立即目標及最終目標間的配合程度（Klahr, 1984）。兒童之間的問題解決能力亦隨發展階段而有差異。相關的研究發現，小學二年級以前的兒童不會自動自發的使用假設，他們形成假設時易受刻板化印象的影響，即使他們獲得回饋，告知有錯誤，這些年幼兒童仍然堅持使用同一個假設（Eimas, 1969; Gholson, 1980），而小學四年級兒童在問題解決中已有 80%的比例能自發地使用假設，六年級兒童則有 95%的比例能使用假設，也能使用「不規則改變」或「局部一致性」原則，而小學二年級以後的學生逐漸發展出向度（dimension）檢查法、聚焦策略等去解決問題。

第二節
認知思維與問題解決

　　心理學者一直對代表人類高智慧的問題解決之心理機轉相當有興趣，然而由於問題解決的思維歷程相當複雜，不易找到適當的科學方法加以研究，至今已採用的方法有二：一為利用電腦的人工智慧（artificial intelligence）加以模擬該歷

程。如果我們將一問題輸入電腦，透過我們所假設的認知結構和運作，電腦的輸出能正確的解決問題，顯示答案，則假設成立。另一個方法是比較專家和生手在解題過程中的差異，並由他們以放聲思考（talk aloud）的方式描述其認知狀態，經由這種比較的方法也可讓我們瞭解人類的解題思維。

在心理學上，普遍被大家接受的解題運思包括五個步驟：覺知問題的存在，瞭解問題的本質，組合相關的訊息，形成和執行解答的方法，以及評量解題的方法。個體的問題解決能力與其訊息處理能力有密切相關。首先外在訊息由知覺組織輸入大腦，在此階段，個體注意力的選擇和廣度、對刺激特性的解析、避免刻板化反應以及是否能採用「不規則改變」的規則等均影響個體的問題解決能力。當訊息進入記憶組織（包含短期記憶和長期記憶）時，個體轉化外在訊息成為內在表徵（編碼）的能力、記憶的容量、訊息處理的程序和策略等更是影響個體能否解題的因素。

個體長期記憶中的陳述性知識（declarative knowledge）和程序性知識（procedural knowledge）的條件將影響其解題的能力。當個體面對一問題時，其所回憶的相關陳述性知識愈豐富，愈能幫助個體解題，因其有助於個體找到較多的相關線索，不論是相關的符號、概念或原則，也因而有助於個體建立問題的內在表徵。例如一個數學問題：「小華有五百元，他先用全部錢的二分之一買參考書，再用剩下的錢買了

一支三十元的自動鉛筆，小華還剩下多少錢？」雖然這是一個應用程序性知識爲主的問題，但個體必須知道減法和分數的概念、計算分數的規則，以及回憶是否做過類似問題與程序等的陳述性知識，並作爲程序性運思的基礎。

程序性知識是指個體知道操作事物的活動步驟，事物內容可能是實驗性的解題或非實驗性的解題，前者如計算一個容器的容量，後者如根據自己的經濟能力實現一春節旅行計畫。個體會採用許多不同的思維型式進行問題解決，主要的方法被分爲兩大類：定程式法（algorithm）和捷思法（heuristics）。定程式法是人類問題解決時最常採用的策略，亦即按部就班地依序採用「如果—就」的程序，而捷思法則是運用問題的訊息較省時省力的找出正確或可能的途徑。常被人類使用的捷思法包括了類比法（analogical analysis）、次目標法（subgoaling）、方法—目的分析（means-ends analysis）和差異—縮減分析（difference-reduction）等四種。Mayer（1992）曾舉一例說明上述的不同解題途徑：

問題：有一家建築器材行出售每邊 25 公分正方形的
　　　磁磚，每片 25.8 元，如果有一長爲 5.5 公尺，
　　　寬爲 4.4 公尺的長方形要貼磁磚，要花多少
　　　元？

　　針對此題的答案，不同的解題策略如下：

定程式法

　　假如目標是轉換公分至公尺，則將有公分的數字除以100。

　　假如目標是找出正方形的面積，則將邊長平方。

　　假如目標是找出長方形的面積，則將長邊的指數乘以短邊的指數。

捷思法

* 次目標分析
　假如目標是轉換現在的狀態至目標狀態，則找出能成功達到目標狀態的中介狀態（註解：算出磁磚的面積和要貼磁磚的表面積）。

* 方法—目的分析
　假如目標是轉換現在的狀態至目標狀態，則找出兩個狀態間的最大差別和消除差別（註解：要算出錢的總數，必須先知道貼磁磚的長方形面積需要多少塊正方形的磁磚）。

　　上面這一個問題不需應用到類比法，然而有一些複雜的問題則適合採用這種方法，非常具代表性的問題例子即是「如何安排放射線束以治療腫瘤，其既能殺死惡性細胞又能減少殺死良性細胞的方法？」約 80%原本不會解答這個問題。另一個對比解題事件：「一個將軍帶領一大隊人馬攻打四周佈滿地雷的城堡，採用化整爲零的小隊攻擊方式而成功」，大

學生即能夠很快地找到答案（Gick & Holyoak, 1983）。

　　除了個體訊息處理歷程之知覺的與記憶的成分外，後設認知（metacognition）亦是影響解題結果的不可或缺因素，在記憶知識的基礎上，個體必須發展一個計畫，在內在的或外在的行動中監控行動的有效性，必要時做修正或尋求資源，才能完成解題的終極目標。

第三節
問題解決的教學策略

　　由於問題解決學習的特殊性，究竟這種高層次的複雜學習能否透過教學而增進？悲觀論者認為不容易教導，因為即使學生習得一般性的策略如次目標分析，可能無法類化至實際的問題上，然而也有樂觀者認為可以透過直接教導或間接教導以增進學生的問題解決，如同前述學者蓋聶即認為教導者透過針對解題學習層次的內、外在條件的恰當安排，絕對可教。茲將問題解決的教學策略區分為：(1)一般性的解題教學原則；(2)系統性的發問法；(3)其他一些特殊策略。三者說明於后：

一、一般性的解題教學原則

基於解題是一種高層次的捷思（heuristic）歷程，訓練解題能力的提昇，教師需要採取與訓練低層次思考不同的策略，Cyert（1980）提出的建議如下：

1. 在心中保持問題的大圖像，但未失重要細節。
2. 避免太早決定一個假設（因學習者還不是專家）。
3. 藉由字距、影像、符號或公式去創造和簡化問題。
4. 試著改變問題空間內的訊息模式，假如現有的訊息模式不能解決問題。
5. 應用訊息去綜合問題並檢驗問題。
6. 願意質疑自己的訊息模式或問題的有效性。
7. 嘗試從問題的反向答案解題。
8. 保持一些朝正確答案的線索，並在必要時組合。
9. 採取比較法或比喻法。
10. 以口語說出問題。

然而，一些研究者相信解題技能是領域（如特殊的學科或專長）導向的，因此應該在各特殊領域範圍教導解題技能，因此無論是數學、歷史或化學老師均應設法在其學科教學中介紹思考技巧教學（Gagné, 1985），需要各科的教師另加以研究。

二、系統性的發問策略

二十世紀對解題歷程提出解釋的著名學者如杜威（De-wey）、波亞（Polya）等。波亞（Polya, 1973）認為解題的歷程包括：

1. 瞭解問題。指認問題的要義和被要求解答什麼？

2. 擬定計畫。尋找已知和未知訊息的聯結。嘗試去思考是否有一個原則或熟悉的步驟可以解決問題，回憶過去是否曾處理相似的問題。

3. 執行計畫。在擬定計畫後實際行動，並一面檢查每一步驟的行動結果。

4. 回顧。檢視行動的結果是否解決問題，如果成功，則將此訊息保留作為下次之用。

教師如用詢問的策略以瞭解或加強上述的解題歷程，則可在每一歷程（步驟）採用以下策略：

步驟1：「你在找什麼？」「這個問題告訴我們什麼？」「請根據問題畫個圖。」

步驟2：「你做過相似的問題嗎？」「記得怎麼做嗎？」「你知道更容易的問題嗎？」、「請試著做一小部分的問題。」

步驟3：「如果你已寫出一些解答，檢查你寫出的每一步

驟。」「你能證明每一步驟是正確的嗎？」

步驟 4：「檢查計算和結果，你能用不同的方法得到答案
嗎？」「你能將這個問題的解答用來解其他的問題
嗎？」

近期訊息處理理論對解題的歷程另有解釋。此派學者發現，在特殊領域表現傑出的專家，亦即是高能力的解題者，其解題歷程並非一定經過杜威所宣稱學習者會先擬定數個假設，驗證何者為最佳假設的步驟，而是在辨認問題情境的重要特徵後，立即找出少數一、二個假設去驗證。一個解題者最重要的能力是從複雜的問題環境（task environment）建立自己的問題空間（problem space），如果此空間能夠正確找出問題的重要訊息，並追索有助於解決問題的重要基礎，則問題迎刃而解（Newell & Simon, 1972）。

三、其他的一些特殊策略

1. 教師本身應示範多元的解題技巧，而不狹隘地採用有限的解題方式。在數學的解題上，讓學生觀察到尋找類型、逆向思考、猜測、模擬與實驗、簡化、列舉法、問題轉述、作數線圖、運用變數找關係、作表等（譚寧君，民 84），並讓學生能在教師示範後，藉相似的問題練習操作教師所示範的策略。以下為採用影像或

　　圖構以輔助解題的例子：

問題：消防隊總局想要贈送防火手冊給住在鎮裡所
　　　有的老師和每一個家庭。總局到底需要寄出
　　　多少份手冊？（應用下面統計數字：家庭＝
　　　53,000；老師＝　7,000；老師擁有住家＝
　　　6,000。）

策略：可採用畫重疊圖。

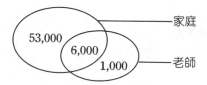

2. 讓學生從活動中學習。教師應設計與學生的生活相聯
　 結的情境式問題，例如要求學生計算其教室所在建築
　 物體積的方法，如此學生須從熟悉情境、具體測量、
　 猜測、繪圖等方法去找解題的線索。教師可採用學習
　 單、合作學習、電腦輔助教學等以增加學生的參與，
　 亦可促進他們學習的興趣和理解。

3. 教師應加強學生解題的後設認知能力。成功解題的重
　 要影響因素、好處、堅持力與解題的關係等，均可透
　 過教師的說明或示範讓學生瞭解。此外，教師亦應常

　　用發現式教法讓學生有機會自主的計畫、監控實驗或
解題歷程和評量行動結果的機會，如採用數學解題作
業紙作爲教學媒介（劉錫麒，民82）：

數學解題作業紙

題目：　　　　　　班級：　　座號：　　姓名：

了解問題	問題的「已知」、「未知」是什麼？
計畫程序	要用什麼策略？
回顧檢討	1.回想你所用的方法，爲什麼用這些方法？ 2.能不能用其他方法？ 3.你做對或做錯的原因是什麼？

圖12-1　數學解題作業紙

結語

在測驗題目的類型中，通常學生會認為應用題或申論題是較難回答的題型，而這兩類正是測驗學生問題解決能力的典型。解題的成功與否依賴解題者複雜的心智能力，包括學生對問題狀態的解讀、相關概念／原則的知識基礎、解題策略的選擇，以及後設認知的經驗等等。至今心理學者仍繼續探究解題的內在機轉，不僅利用比較專家和生手解題的心智歷程外，並利用電腦人工智慧以模擬人類高層次的心智能力，例如下西洋棋的「深藍」電腦軟體即是人工智慧研究的成果。

大部分的學校教師其實並不習慣採用問題解決的教法，另有一些教師傾向教導單一的或少數的不同解題策略，以致學習遷移的效果並不高，這也是為何教師常感嘆：「這類題目我已經講解過了，為什麼題目稍微改變就不會了！」面對複雜的、競爭的、問題層出不窮的社會，學校教師應加強在每一單元教學時設計一些解題的問題情境，讓學生進行探究式的學習，發現多元的解題方法，才有機會真正提高他們的智慧品質。

參考文獻

王美芬、熊召弟。（民84），國民小學自然科教材教法。台北：心理。

劉錫麒。（民82），數學思考教學研究。台北：師大書苑。

譚寧君。（民84），師範生面積概念與解題策略分析研究。八十四學年度師範學院教育學術論文發表會，第二輯，頁253～279。

Cyert, R. (1980). Problem solving and educational policy. In D. Tuma & F. Reif (Eds.), *Problem sovling and education: Issues is teaching and research.* Hillsdale, NJ: Erlbaum.

Gagné, E.D. (1985). *The cognitive psychology of learning.* Boston, MA: Little, Brown & Company.

Gagné R. M., Briggs, L.J., Wagner, W. W. (1988). *Principles of instructional design* (3rd ed.), New York: Holt, Rinehart & Winston.

Gick, M.L., & Holyoak, K.J. (1983). Schema induction and analogical transfer. *Cognitive Psychology, 15*, 1-38.

Mayer, R. (1992). *Thinking, Problem solving and cognition.* San Francisco: W.H. Freeman.

Newell, A., & Simon, H. (1972). *Human problem solving.* Engle-
wood cliffs, NJ: Prentice-Hall.

Polya, (1973). *How to solve it* (2nd ed.), New York: Double day.

Wickelgren, W.A. (1974). *How to solving problems.* New York: W.
H. Freeman and Company.

Klahr, D. (1984). Transition processes in quantitative develop-
ment. In R.S. Stenberg (Ed), *Mechanism of cognitive develop-
ment.* New York: Freeman.

第十三章

學習單：開放教育的法寶

一種理想的因材施教之教學環境是每個學習者在某種非齊一的教學形式之下，依其自己的能力、速度或興趣等等進行有效的學習。學習單（worksheet）又為工作單，是一種以作業紙或作業紙結合視聽器材為教材的輸送媒介，被使用於課堂教學中，以促使學習者進行多量自主學習的教學設計。此種設計在教學理論上是以精熟學習（mastery learning）為依據，並在實際措施上加強學習者自我學習的比重。通常學習單的套冊是由班級教師按其班級個別學習者的需要而設計，也有由同年級同科目的教師成立編輯小組共同設計。至今個別教師或小組已設計出很多不同式樣的個別學習單元型式，莫衷一是，但其目標均在為個別化教學找出可行的有效方式。個別化學習單元已被普遍地應用於歐美已開發國家的中小學裡，成為個別化教學策略之重要形式之一。

第一節
學習單的特色

學習單教材設計的基本形式是將某一課程內容分為許多單元（units），一個單元可能是一張張作業紙或多媒體（作業紙、錄影帶或幻燈片／錄音帶）的組合，每一單元均依一些特殊的教學目標設計而成，當學習者完成一個或多個單元

的學習後，即接受成就測驗評量，核對其學習結果及接受特殊指導。通常教師對每一單元的精熟學習評量效標為70%～90%，學習者如通過某一單元的效標，則由教師指定下一單元的學習。

　　表面上個別學習單和紙張的編序教學設計很相似，但兩者並非同物，後者的教材設計完全根據司金納的行為制約原則，注重細部的循序漸進、重複、增強等策略的運用，個別學習單元則不一定遵照司氏的行為制約原則，雖然很多個別學習單元具有編序教學的特色。兩者另一不同之處在於編序教材擔任完全的教學任務，但個別學習單元除了可擔任完全的教學任務外，尚可做為教師為主的教學外之補救教學工具。以下為一個個別學習單的例子（Gagné & Briggs, 1974）：

【例一】思考的食物

教學指引（引自 PLAN）

　　每一種寵物需要寵物飼料，相當於在左下角你所看到的寵物內的寵物字（pet words）。

　　　　　　　　寵物字的最佳寵物飼料就
　　　　　　　　像此片葉子枝葉上的「字
　　　　　　　　尾葉」字尾係一組銜接在
　　　　　　　　一般字後可以改變字意或

字的形式—類別的字母。

讓我們來填飽我們的飢餓字，看看發生什麼變化！

現在讓我們找出我們的寵物字如何改變字的形式——類別，記住這些示範句字。

名　詞：I have one noise.

　　　　I have many noises.

形容詞：The $\begin{matrix} \text{noiseless} \\ \text{noisy} \end{matrix}$ boy seemed very $\begin{matrix} \text{noiseless.} \\ \text{noisy.} \end{matrix}$

副　詞：The boy ate the cake $\begin{matrix} \text{noisily.} \\ \text{noiselessly.} \end{matrix}$

　　　　$\begin{matrix} \text{Noisily} \\ \text{Noiselessly.} \end{matrix}$ he ate the cake.

　"Noisc" 這個寵物字能否改變字的形式—類別而成為動詞呢？試試看，寫出你的答案，並與你的同學討論。

【例二】白雲蒼狗——賞雲去

一、看完板橋市的重要建築和四周的地形景觀，現在請你抬頭仰
望天空，欣賞雲朵的變化，根據老師發給你的「雲狀比對標
準雲圖」，看看天空上的雲朵是屬於什麼雲？看到這種形狀
的雲你會聯想到什麼？（請充份利用想像力）並請同時完成
下面的紀錄表。

現在是：八十一年六月十六日十一時　　　　天氣：☼

雲的形狀	雲的種類	雲 的 聯 想
	積　雲	像棉花糖
	卷　雲	像白色的長髮
	層　雲	像霧
	雨層雲	像黑破布

二、古人以「白雲蒼狗」來形容世事的多變，經過了這次的賞雲
活動，你是不是對雲的認識比以前更多一些。下課時，可別
忘了走出教室到走廊，仰望遠處天空的多變雲彩，去編織一
個屬於你自己的夢。

【例三】教學原理

科目：電工原理（高工一年級單元）

單元主題：能量轉換

例子：化學能轉換成電能運用化學反應產生電能以伏特、安培為
　　　單位，如蓄電池。

種　　類	轉換方式或定律	計 算 單 位	實　　例
動能轉換成電能			
電能轉換成動能			
電能轉換成熱能			
電能轉換成光能			

問題討論：

　　能量轉換除了以上述之形態出現外還以什麼形態出現？

　　以上二例可藉以顯示這種個別化學習系統在於促進學習
者主動參與學習、自我管理，並使他們獲得高度成就感的機
會。對於學習單設計的特質和功能，畢比士和偉哲理（Beavis
& Weatherley, 1980）曾做了清晰簡要的歸結，他們指出此種
系統所應具有的特質：

　　1.每一單元的內容和型式應配合科目目標。

　　2.單元教材所用的文字應配合學習者的程度。

　　3.單元內容應配合學習者的能力，特別是起始單元。

　　4.教學技術應鼓勵學習者之間及學習者／教師之間的互

動，例如檢核表或積點票的運用。

5.盡量使學習者參與記錄和評估其進步的系統以增進學習動機。

6.單元進程架構應給予學習者去組織及彈性選擇其學習活動的機會，以加強自治能力。

畢氏、偉氏二人並指出，設計學習單時並應注意其文字內容應具有以下的功能：

1.提供單元教材的背景資料和事後（after the event）資料。

2.指示學習者應做什麼和應如何報告。

3.單元作業紙中所包含的問題應鼓勵學習者能有條理的組織答案或進行高層次的推論。

4.提供多樣的、個別的和團體的活動，如思考、發表、閱讀、書寫、製作、觀察、實驗等等。

5.可能作為某一段學習完成後的參考資料。

6.作為直接的或間接的評估資料。

曾參與許多實際設計工作的設計者或教師對學習單的文字內容提示了一些重要的參考經驗，例如在文字上單元紙中每一行的文字不能過長、多用主動句子、簡單的繪圖比複雜的繪圖有效、多用條形圖表（flow chart）、少用長句……等等。此外，在內容上教材資料的正確性及其與教學目標的配合更不可忽視。

第二節
個別學習單元的編排型式

　　為了達到適應能力各殊的學習者之需要，一套個別學習單元通常包括一系列的次單元或作業紙，這些次單元的相互關係均在於它們之間水平的或垂直的關係上，通常水平的關係指出同一難度的不同學習活動或教材內容，垂直的關係則指出不同難度的學習活動或教材內容。在獨立學習單位的層次編排型式上，至今已有三種模式存在（Beavis & Weatherley, 1980），第一種模式的教材樞紐是以中等能力學習者的單元教材為基點，延伸的教材單元則分別配合低能力、中上能力及高能力等學習者的需要，茲以圖 13-1 說明如下：

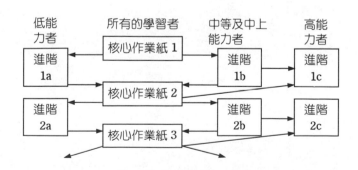

圖 13-1　第一種個別化編排進程

　　第二種模式是以小單元為單位，先練習該單元的核心作業後，並進行一次對該單元已知程度的評鑑後，再根據學習者的需要及心向，選擇次單元教材內容與難度，茲以圖 13-2 說明之。

　　第三種模式的教材結構是在學習前的診斷後，立即迅速將學生安排於不同的教材路線，然後依個別學生的表現而給予相當的處方教材，學習者在學習過程中可彈性的進入其他教材路線的學習，完全依其單元學習的表現而定，茲以圖 13-3 說明之。

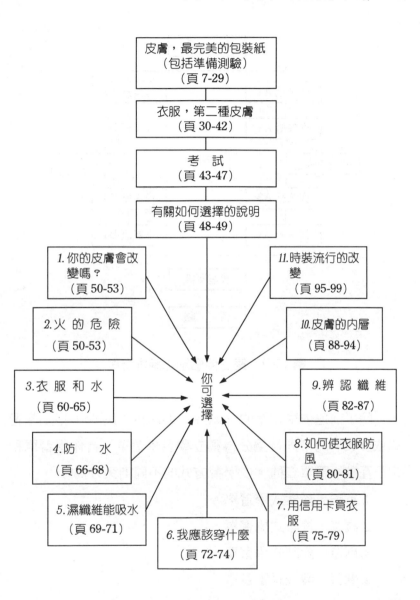

圖 13-2　第二種個別化編排進程

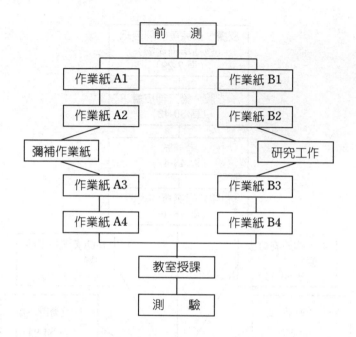

圖 13-3　第三種個別化編排進程

除了前述依學習單的分類外，鄧運林（民 86）指出學習
單依參與者的不同行為分為獨立學習學習單、合作學習單和
親子互動學習單三種，依學習方式的不同則又分為：

　　1.實驗、探索式學習單。

　　2.調查、檢證式學習單。

　　3.創造、設計式學習單。

　　4.練習、發表式學習單。

【例一】第三單元　過團體生活

活動一：小小社會家

　　小朋友，在我們的社會裡有許多團體，有各種不同的目標和活動，你知道有哪些團體嗎？他們在做什麼？

目　標	團　體　名　動	
公益活動		
保護動物		
休閒活動		
政治活動		

＜給家長的話＞

　　請多協助孩子了解社會上有很多不同的團體及說明這些團體的請求，讓孩子可以了解社會的情形。

二年＿＿＿班＿＿＿號　　姓名：＿＿＿＿＿　　家長蓋章：＿＿＿＿

【例二】生物科單元之二

單元：魚的觀察

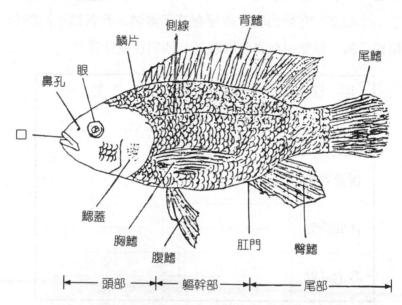

1. 比照上圖，辨認魚類各部分器官。

2. 試用尺分別測量頭部、軀幹部和尾部的長度，紀錄下來，並計算出彼此間的比例。

3. 用手指輕觸口腔內緣，有何感覺？推測這是什麼構造？

4. 觀察魚的眼睛，是否能閉合？

5. 打開鰓蓋，觀察紅色的鰓，左右各有幾片？

6. 我們知道鰓是魚類的呼吸器官，但魚也具有鼻孔，那麼鼻孔是否與呼吸作用有關聯？

【例三】Lesson Eight 學習單㈡

基本練習

四、before & after

　　1. 夏天<u>在春天之後</u>來臨。

　　Summer come_ _____ _____.

　　2. 我們通常<u>在七點以前</u>吃早餐。

　　3. 他每天<u>在晚飯後</u>看電視。

小組練習

　　在鐵達尼號船上，Jack 來到 Rose 的住處。她住的地方好大啊！有客廳、廚房和臥房，好多漂亮的家具，還養了一些小動物，牆上則掛了好多有名的畫。Jack 第一次到有錢人住的地方，驚訝得不得了，對 Rose 東問西問的。想像一下，假裝你是 Jack 在和 Rose 對話，利用前面練習過的四個句型和以前學過的句型（複習過了喔！），自由創造出五個句子吧！

1. _____

2. _____

3. _____

4. _____

5. _____

第三節
實施個別學習單元的困難

　　如欲積極採用個別學習單元，則學校當局積極製作與累積此種形式的教材經驗則成為必要的任務，其來源可由個別教師製作，或由一些擔任同科目的教師集體製作，也可由商業性的教育出版社製作。在發展個別學習單元的經驗中已出現一些障礙因素，最顯著的障礙為教師感到實施個別學習單元的準備工作過於繁複，無論在教材的結構和型式、人力物力資源、學習手冊、單元評量測驗等上均需詳細計畫，才能設計理想的個別學習單元教材，而這些均費時費力，使許多教師望而卻步。其他的障礙如學校行政單位與大多數教師均以為班級講演式教學是達成學習的最有效途徑，教師如在課堂上嘗試其他非傳統式的新方法可能被指為怠惰偷懶。即使教師開始使用，學校當局往往不能在課程表、成績考察方式上加以應變以配合教師的需要。

　　另一推展個別學習單元的障礙存在於此種教學法本身的缺點上，例如以文字為主的作業紙有類似採用課本的缺點，視聽媒體往往固定於某一位置而失去彈性教學的本質，不良的個別學習單元設計使教師與學生之間，或學生與學生之間

的互動率更低，然而這些缺點是可以在設計個別學習單元時設法防止的。

結語

在同一教學時間內，學習者在配合其程度的教材與活動下進行自主的學習是學習單設計的最大特色，並使此種教學策略成為有利的適性教育資源。然而，由於此種教學設計所存的內在的和外在問題，使個別學習單元的推廣受到阻礙。教育當局如欲推展此種個別化學習法，在解除阻礙的辦法上必須注重教材呈現形式及製作來源等方面的改進。教材的呈現形式應不以文字為主，而儘量包含生動有趣的畫面或圖形。製作來源則除了鼓勵個別教師的努力外，更應鼓勵教師的集體合作，因為一套有效的個別學習單元教材之設計過程相當繁複，個別教師恐難完全獨自勝任，學校當局亦應在行政上、經費上、設備上給予參與設計的教師充分的支持。

臺北縣教育局推動開放教育下由教師發展了各式各樣的學習單，品質頗具水準，給予教師相當大的創作空間，該局成功的推動經驗可供其他縣市參考。

以國內目前學校中教學環境和條件而言，採用學習單以作為推廣個別化教學應該不會遭遇很大的困難才對，因為製

作個別化學習的小單元，不需特殊的硬體與龐大經費，一般
教師在具備基本的知識後應能立即嘗試製作。此種紙筆式的
個別化教學策略，可與複雜式的個別化電腦教學之發展齊頭
並進，相輔相成，則因材施教的理想才能具體實現。

參考文獻

鄧運林（民 86）。開放教育新論。高雄：復文。

Beavis, R., & Weatherley, C., *Worksheets and school learning.*
Scottish Council for Educational Technology, ED211 103.

Beyer, B. K. (1981). *Individualized learning : students can do their
own planning.* Clearing House, 55, October, 61-64.

Gagne R. M., & Briggs, L. J. *Principles of instructional design.*
New York : Holt, Rinehart & Winston.

Redfield, D. L. (1981). *A comparison of the effects of using various
types of worksheets on pupil uchieveinent.* Paper presented at
the annual meeting of Aera, ED203 300.

Watson, F. R. (1980). *Some exercises in simulation (pupil mater-
ials).* Institute of Education, Keele University, England, ED
213 595.

第十四章

合作學習的教學設計

　　近年來，一種含高度程序性的班級分組教學型式，現普遍稱之為合作學習（cooperative learning），在臺灣已逐漸引起教師的廣泛注意，並已分別在高級職業學校、國中和國小等各層級的學校實驗其教學成效。合作學習的教學模式在歐美興起而積極被推展有其原因，首先是教育人士對重要目標再省思的結果，而發現學生在學校的經驗中即應包含學習如何在社會化的情境（social context）中生活、工作和遊戲，如此更能確保他們未來的成功。學習心理學亦發現，最有意義的學習經驗是發生在學習者和他人一起討論、爭議或解決問題的過程當中，而不是在靜靜的聽課或個別閱讀之中。此外，合作學習的安排有助於促成學習者多進行主動的學習，而不過度依賴老師，如此讓老師有較多的時間從事更重要的活動，如觀察、回答問題、個別指導等等。

　　在國內積極推展合作學習之際，有一值得注意的問題，即是一些嘗試合作學習的中小學教師對於此種教學法的技術層面認知似嫌不足，因此其所嘗試的只能算是一般的學生分組教學型式，而非真正的合作學習。本文擬針對合作學習的技術層面予以解析說明，包括合作學習教法實施的必要程序、如何在小組活動中發展和評量學習者的社會技巧，以及小組學習的成績計算辦法等，以加強有意實施合作學習的教師之施行能力，俾使合作學習在台灣的推廣能更順利。

第一節
班級分組教學的理論基礎

　　教室中通常進行的是一種教師運用教法傳授一群學習對象的情境，如進一步仔細加以分析，則每一教學情境在學習活動的形態上、教師權威角色的扮演上與學習者所接受的獎勵程度上均有明顯的不同，而代表了教室教學工學的三個基本因素：學習活動結構（task structure）、獎勵結構（reward structure）和權威結構（authority structure）。教室內班級分組的工學在於利用教師教學外，小組成員積極參與互動過程中所獲得的獎勵而完成有效的學習，這種合作的學習（cooperative learning）與競爭式的（competitive）或個別式的（individualistic）學習成對比。

　　史拉文（Slavin, 1980）指出，獎勵結構（reward structure）所具備的功能是合作學習的特色所在，當學習者被指派在一個小組學習團體中與其他小組成員合作而其表現評量與獎勵是根據團體表現標準時，個別學習者會嘗試去影響或幫助團體中的其他成員盡其所能，藉團體互動的結果增強個人的行為，因而提高了團體中成員的互動率、動機與團體凝聚力，並減低了個人行為表現和成績結果的關係，形成個別式

學習更複雜的獎勵結構。

　　學習動機是個體內在的和外在的學習行為之主要動力，許多心理學家指出，動機一方面源於個體對知識追求及認知環境的個人需要，一方面亦源於被瞭解、被認同、被同儕團體接受的需要（Loft, 1970 ; Maslow, 1966），因此教學心理學專家建議教師應多採取團體式的學習方式。勒溫（Lewin, 1947）的研究亦指出，當個別學習者的新認知是團體目標的一部分時，學習者經由參與團體所被指派的任務中得以調整或融合其認知場地（cogintive field），使思想更純正成熟，故比個人的學習有效。

　　當合作學習小組和傳統學習小組比較時，其差異如表14-1所列（Johnson & Johnson, 1988）：

表14-1　合作學習小組和傳統學習小組的比較

合 作 學 習 小 組	傳 統 學 習 小 組
1.相需相成；互動較多	1.沒有相需相成的關係
2.強調個別的績效	2.不講求個別績效
3.異質性的小組組成	3.同質性的小組組成
4.分擔式領導	4.指派式領導
5.分擔責任	5.自行負責
6.強調工作及關係的維護	6.強調工作
7.直接教學生社會技巧	7.假定社會技巧與生俱有而不予重視
8.教師觀察和介入	8.教師忽視團體運作
9.小組檢討績效	9.沒有小組檢討

　　由上表的說明可知，傳統的分組教學不一定是一種合作學習模式，而後者在學習團體的結構性和教育目標重心上更與傳統的教師為主的講述法大相逕庭。

第二節
合作學習實驗的發現摘要

　　雖然合作學習的實驗如同其他的教學法實驗一樣，很難採取嚴謹的準實驗設計（quasi-experimental design）實施，然而過去一、二十年中已累積相當份量的實驗報告。Johnson等人（1981）回顧了一百二十二個有關合作學習與其他三種教法──合作／競爭、團體競爭和個別競爭──的研究報告，發現合作學習的學生成就測驗成績表現超出其他三種教法學生表現約 15%～20%不等。Slavin（1991）亦在其所選擇的六十七個質優的合作學習研究報告中，發現有四十一個支持合作學習對學業成績的正向效果，僅一個研究是負向的。然而，亦有如 Webb（1982）、Battistish、Solomon 和 Delucci（1993）持懷疑看法，指出合作學習與個別學習相比時，學生的學業成績並沒有肯定的優勢。

　　學習教材的測驗難度亦會影響合作學習效果，通常其正向效果很容易顯現於低層次的教材如記憶、理解的測驗題目，

而高層的問題解決能力測驗則有不一致的發現（Ross, 1988; Qin, 1992）。然而合作學習的情意目標效果則全面的受到肯定，學習者轉變為較互相關懷，對與自己不同類型的同儕較友善，也較喜歡學校。

　　臺灣過去雖然有一些中小學教師曾在自己任教的班級嘗試合作學習，但正式的實驗報告仍未多見。王慧敏（民 82）曾以警專生英語科比較傳統教法和「共同學習法」，發現後者的學生成績表現優於前者，另劉怡珠（民 86）、林美伶（民 87）均在國中英語科教學亦有相同傾向效果的發現，張景媛（民 84）則在國中教學得到合作學習對學生學業成績的正向效果。然而，林佩璇（民 81）在高職社會科學概論學科的研究發現測驗題目的難度與不同教師、學生能力之間有複雜的關係。周立勳（民 85）則發現國小學生不同學科能力與合作學習偏好有顯著的交互作用存在，高能力與低能力學生分別在分組合作教學與整班式教學有較佳的表現，合作學習偏好越強的學生在分組合作教學中的學習愈高。

第三節
合作學習的基本程序

　　為了增進傳統班級分組教學的學習效能，合作學習是一

種有結構的教學型式，始在一九七〇年代初期為史拉文（R. Slavin）和強森兄弟（D. Johnson & R. Johnson）所提出，其小組學習的人數、學習空間的安排、學習評量和獎勵的方式均具特殊性。茲以一合作學習的單元教學計畫首頁之範例說明合作學習的基本程序：

科目：國語（國小第八冊四下第六課）

設計者：王三幸

◎單元主題：愛山水

☆☆☆教學活動實施流程☆☆☆

	全班授課	小組活動	小組報告	測　　驗	團體歷程	小組表揚
時間	二十分	三十分	十五分	十　分	五分	五分
活動內容	一、課文簡介。 二、講授大綱。 描述懂得欣賞與不懂得欣賞的人之差別處；介紹本課描寫風景的句子。	一、各組分配人員之角色。 二、依工作單進行討論。	小組呈現討論結論。	一、學生各別測驗。 二、老師立刻批改。	小組討論、反省活動情形及提出改進建議。	一、各人小考分數。 二、小組得分。
準備教材	主題單、山水風景圖片、生難詞卡。	工作單、答案單。		測驗卷、答案單。		小考得分單、小組總分單。
備註			包括教師、學生對報告的回饋。	先寫完的同學可以先交給老師批改。		

由此一範例可知合作學習的程序包括六個步驟：始自教師對全班進行一段時間的引導活動，接著進行小組學習活動、小組報告和師生討論、全班測驗、全班檢討教材學習和社會技巧的發展狀況，以及最後的小組表揚步驟。然而，合作學習的流程也可減化至四個步驟，僅包括全班採課、小組活動、測驗和小組表揚。

第四節
合作學習的不同模式

在有關合作學習的研究上，至今較被教師所採用的有四、五種模式，茲分別從最簡單易行的模式至複雜的模式依序介紹如下：

一、團體—調查法（The Group-Investigation Model）

此種方法是將全班分組，每組可包括二至六個成員，以小組合作進行調查和討論等主要活動，特別注重從成員蒐集、團體討論以解釋資料及融匯個人的智慧等學習行為中促進教學成效。每個小組可在教師指定範圍內選擇其學習內容，學習完成後由教師及成員評量各小組的學習結果，此種教室分

組教學方法的詳細步驟如下：

1. 由小組選擇教師所列出的某一特殊的學習題目，每一小組儘可能安排成包括不同能力的異質性團體。

2. 在教師指導下由各小組成員預先計畫其學習目標、步驟及活動。

3. 各小組透過不同的活動及技能以執行其計畫，教師監察各小組的進行狀況及提供必要時的協助。

4. 各小組成員分析和評量其所獲得的資料，並準備呈現學習結果的方式，如展示、戲劇、辯論或口頭報告等。

5. 在教師指導下，各小組呈現其主題的學習結果，尤其注重如何使全班的其他小組介入其小組學習。

6. 由學習者和教師評量各小組對全班學習的貢獻，而高層次的學習結果，如分析推理能力的表現，以及情意經驗，如動機和投入的程度等表現較被重視。

二、學生小組成就分區法

（Student Teams Achievement Divisions Method，簡稱 STAD）

此種模式與傳統的分組教學安排最為接近。基本的實施程序包括教學階段→小組學習階段→小組報告和師生討論階段→小考測驗階段→小組表揚階段等五部分。傳統的分組教學可能有前三階段，但不一定有後二階段。學生小組成就分區法在小組表揚前的分數計算上，並非取各個小組成員進步

分數的平均，而是各組最好的和最好的比較，次好的與次好的比較，而構成幾個分區（division）。每分區內的第一名爲小組爭取八分，次高的六分，依此類推。

三、小組—遊戲—比賽法
（Team-Games-Tournament Method，簡稱 TGT）

此法亦是將全班分組成爲有高度異質性的，每組有四至五個成員的學習小團體，同一組的小組成員共同學習教師所發的工作單（worksheet），在透過工作單的學習活動完成後舉行小組之間成就測驗的競賽，大約每星期一次。測驗時依能力之高低將每組中的學習者分派至適合的測驗桌，不同測驗桌擺置不同的測驗，但在同一測驗桌中代表各組的學習者得到相同的測驗。每組高能力者到測驗桌1，次高能力者至測驗桌2，依次類推，在測驗桌2得最高成績者與測驗桌1得最高成績者替小組取得相同的點數，比賽成績是以小組成員個人成績轉變的點數相加之和爲依據。同在一組的小組成員通常維繫六至十週以發展團員間正向的關係，然後視情況可加以調整，組成新的班級小組結構。

四、鋸分法（The Jigsaw Method）

將全班分成每組有五至六個成員的學習團體，每一小組

被分派予相同的作業，而由小組中的每一成員負責完成指定作業的一部分。各組負責同一部分教材的成員先一起學習，變成該部分教材的專家，如此在同一小組內包括許多專家。同時小組中的每一成員必須負責指導同組其他同學其所鑽研的部分教材，以準備單元學習後的全部教材評量，這種鋸分法特別注重鼓勵學習者之間的互相關係和交互作用。

當教師採用鋸分法時，如何組成適當的、平均的小組非常重要，故應設法在一小組中包含不同能力的成員。此外，在實施鋸分法前應先利用一段時間使學習者透過自我評估、討論回饋等活動以訓練學習者溝通和指導的技能。

五、小組協助個別化和小組──加速教學 (Team-Assisted Individualization and Team-Accelerated Instruction, 簡稱 TAI)

此模式注重在合作學習下提供學生個別化措施的機會。在每一由不同異質能力學生組合的小組內，每一位學生拿到適合自己能力的學習教材小單位，包括學習教材內容的說明、測驗卷和填答卷。小單位的教材學完後自己小組成員或他組成員批改成績，每一小組成績優良者當小老師。小組表揚可根據各小組所完成的教材單位數量或全組通過測驗的比率等。這種合作學習教法的好處是教師不在同一時候指導全班學生相同的教材，而增加個別診斷和指導的機會。

第五節
教師發展單元教材和評量的技術

一、發展工作單和小考測驗單

　　教師在實施合作學習前，必須發展特殊的單元教材以利學習實施，包括小組學習時所使用的工作單、小考測驗單，以及社會技巧觀察單。此外，教師亦必須熟知合作學習的特殊評量方法，即小考後各小組成員的計分方式。茲各以一個中和國小課程單元說明工作單和小考測驗單的型式和內容，其型式見例一和例二。

【例一】

單元名稱：記承天寺夜遊

教材來源：國中國文㈡

工作單

組 別	角色分派	主 持	記 錄	報 告	查字典	觀 察

1. 寫出生難字詞卡上各詞的解釋，其中「寢」、「藻荇」須加注音。
2. 用譬喻法造三個描寫夜色的句子。
3. 討論在什麼情況下，你會找朋友一起分享你的快樂。
4. 設想蘇軾、張懷民二人，相與步於中庭，可能說的對白，及可能發生的事，並透過劇本的形式，把它表現出來。

作業答案單

1. 寢—くーㄣˇ，睡的意思。　　　　欣然：歡喜自得的樣子。
   藻荇—ㄗㄠˇㄒ一ㄥˋ，是兩種水草名。　相與：一起的意思。
   無「與」樂者一起。　　　　　　　交橫：交錯縱橫。
   「蓋」竹柏影—文言語助詞，「原來是」的意思。

2. 例：台北的夜色，好像充滿活力的少年，熱鬧無比。
   秋天的夜色，像一位哀怨的少婦，充滿寂寥的氣息。
   山中的夜色，像一個神秘的百寶箱，等著你去探索。

3. 可就學業方面、休閒方面加以討論。

4. 自由想像。

小考測驗卷

單元	記承天寺夜遊	組別		姓名		得分	

一、填充題　40%

1. 蘇軾，字＿＿＿，號＿＿＿，是＿＿＿朝代的人。
2. 注音：荇＿＿＿，寢＿＿＿。

二、選擇題　20%

1. 「但少閒人如吾兩人耳」在文中屬於那一部分？⑴敘事⑵寫景⑶抒情。
2. 下列何句不是「譬喻」的修辭？⑴月色入戶⑵庭中如積水空明⑶如釋重負。

三、問答題　40%

1. 請用譬喻法造兩句子。

2. 請運用以下的詞寫一篇一百字左右的短文，題目自訂。
　　欣然　月色　閒人

【例二】

科目：國中電腦第一冊第四章

單元主題：應用軟體

<u>工作單</u>

1. 就所知，舉出幾個套裝軟體及使用者開發的例子，並解釋為什麼要分為這兩類？。

2. 目前在市面上的各種應用軟體，有哪些是國中生用得到的？使用他們又能帶來怎樣的好處？你用過哪幾類？

3. 討論當要購買遊戲軟體時，我們所應該考慮的條件及注意事項。

4. 市面上的許多套裝軟體，都有不同的版本。說說看，為什麼同一軟體要有這麼多不同的版本？是不是同樣有缺點呢？請舉例說明。

5. （　）下列何者應用到電腦？(1)「霹靂車」(2)「台北捷運」(3)「洗衣機 One-touch，一次 OK」(4) 以上皆是

6. 連連看　各位同學，請將左列各種軟體連至屬於它的種類

小畫家	
MS-Word	繪圖軟體
AutoCAD	
Excel	文書處理與排版軟體
Netscape	
dBase	電子試算表
Access	
小作家	資料庫管理軟體
莎士比亞	
Lotus	電子通訊軟體
調色盤	

組別	角色分派	主持	紀錄	報告	觀察

小考測驗卷

一、填充題 20%

1. 電腦軟體分為 ＿＿＿＿ 軟體與 ＿＿＿＿ 軟體。
2. DOS、WINDOWS 是屬於 ＿＿＿＿ 軟體。
3. 會計總帳系統及人事薪資系統是屬於 ＿＿＿＿ 軟體。

二、選擇題 20%

1. （　）下列哪一項不是取得軟體的合法管道？（1）向市面上軟體經銷商購買（2）由 FTP 站台取得（3）向專業軟體公司定作（4）購買大補帖。
2. （　）FoxPro、dBASEIV 等套裝軟體是屬於（1）電子試算表（2）資料庫軟體（3）電子通訊軟體（4）繪圖軟體
3. （　）小華想發送 e_mail 給在美國的筆友，下列哪一套軟體提供 e_mail 的功能？（1）WORD97（2）Netscape（3）Access（4）Lotus
4. （　）（1）Excel（2）Access（3）Lotus（4）以上皆是　可以提供媽媽平日使用電腦記帳的需求。

三、配合題 40%

	IE
	學生成績系統
套裝軟體	PE3
	Clipper
	漢書
自行開發程式	Excel
	小畫家
	校務行政電腦化系統

四、請寫出你心目中一個好的應用軟體，應具備怎樣的功能及特質？ 20%

二、發展社會技巧觀察單

透過課堂學習發展學習者與他人合作的工作技巧和社會技巧，是合作學習教學模式的重要特徵，Johnson & Johnson（1988）指出社會技巧的發展是與時俱進的，他們指出合作技巧發展的四個層次（引自林佩旋，民 81，p. 80～81）：

㈠形成階段

形成階段（Forming）旨在建立一個合作學習團體的最基本技巧，在這階段可採用一些重要的策略，如⑴安靜地把個人位置移至小組；⑵留在自己的小組內，不要影響到別組的練習；⑶小聲討論；⑷鼓勵每個成員都參與；⑸使用名字稱呼同組同學；⑹聆聽並看著發言者；⑺不使用令人難堪且低俗的字眼。

㈡運作階段

運作階段（Functioning）著重完成作業和維持有效學習關係所必具的技巧，這些技巧包括：⑴說明作業的要旨、大意；⑵提供參與者討論最有效的進行作業練習方式；⑶表達語言及非語言的支持和接受；⑷要求幫助或澄清不懂的疑問；⑸提供解釋或澄清概念；⑹適時描述自己的感受。

㈢形式化階段

形式化階段（Formulating）旨在能對研讀的資料有更深入的理解，並能使用較高層次的推理策略，而發展出一套記憶、精熟教材的有效技巧，這些技巧包括：(1)綜合教材作結論；(2)要求他人發展推理的過程與進一步說明；(3)對記憶資料尋找一更有效的方法。

㈣發酵階段

發酵階段（Fermenting）旨在對教材的再概念化，對認知的衝突能尋找更多的資料予以說明，這些技巧包括：(1)批評對事，不對人；(2)統整不同的觀點，而獲一綜合性的結論；(3)補充他人的答案或結論；(4)以提出問題的方式導入更深入的分析。

教師必須在進行小組學習時，指派每一小組中各有一觀察員的角色，他的任務是觀察記錄小組成員的合作行為，藉由教師依合作技巧的發展目標而設計表格訓練時，依序由前述層次一的內容逐漸提高。例如初期的表格（14-2）和後期的表格（14-3）之例舉如下：

表14-2　初期使用的社會技巧觀察表

	組員甲	組員乙	組員丙	組員丁
留在小組內	ˇ ˇ			
鼓勵其他同學參與		ˇ		
聆聽他人			ˇ	ˇ

表14-3　小組成績計算法

	組員甲	組員乙	組員丙	組員丁	組員戊
綜合教材作結論					
將記住的資料轉換幫助解答					
補充他人的答案					

　　合作學習的小考測驗後，分組成績的計算並非求取各小組所有成員總原始得分的平均，而是求取進步分數，如此不同能力的學生均有為小組爭取高分的機會。在新的單元學習前每個學生皆擁有一個基本分數（base score），它可來自於上次的小考、段考，甚或上學期某學科的學期分數，教師再依下表的標準轉換每個小組成員的進步分數。

表 14-4　進步分數換算表

小考得分減其基本分數	進步分數
退步 10 分以上（≦-10）	0
退步 1 分至 10 分以內（-1～-9）	10
進步 1 分至 10 分以內（1～9）	20
進步 10 分以上（≧10）	30
小考分數 100 分（不論基本分數）	30

茲以某一次合作學習完的一個小組成績表現示之（14-5）：

表 14-5　小組成績計算實例

小組：少年隊

學生姓名	基本分數	小考分數	進步分數
一　明	95	100	30
立　華	70	70	20
中　平	85	76	10
可　芝	50	65	30
小組平均			22.5

　　本節統整了教師採用合作學習所需的教材教法的發展能力。如果缺乏實施合作學習的基本工具，則教師所實施的是一般分組教學的模式，而非真正的合作學習。

第五節
教師實施合作學習的注意事項

當教師採用合作學習時，必須扮演特殊的角色，基本上包括五個主要任務（Johnson & Johnson, 1990，引自賴春金、李隆盛，民 82，p.89～90）：

1. 清晰地設定課目目標。
2. 在授課前決定學生的分組。
3. 清楚地向學生解說任務和目標。
4. 監視各小組的績效和適時介入以提供協助。
5. 評鑑學生成就和協助他（她）們檢討改進相互合作的情形。

以上五組策略還可以進一步分成下列十九個步驟：

1. **設定教學目標**：包含學術和合作技巧雙重的目標。
2. **決定各組人數**：各組以二至六人為宜，初任教師以安排每組兩名或三名學生為宜。
3. **分派學生到各組**：儘可能採異質性的小組組成，讓能力高、中、低的學生在同一個學習小組中。
4. **安排空間**：最好是圍成圈狀，讓小組成員相互接近得

以分享教材、保持眼光接觸和清晰交談而不干擾到其他小組。

5. **規劃教材以促成相需相成的關係**：採用教材共用（如只提供各組一份）、個別資源（如拼圖般，各組員都分到拼湊盤所需的部分資源）和組間競爭等方法中的部分或全部，建立同舟共濟的關係。

6. **指派成員的角色**：指派組員角色的目的是在確使組內建立相需相成的關係。常見的角色有綜述者、檢查員、觀察員、研究員、教練、記錄等。

7. **解說學術任務**：這個步驟是要學生清晰地了解作業和課目目標。

8. **建立小組目標**：教師在這個步驟告訴學生各組有各組的目標，而且要互助合作才能達成。手段可以要求整組完成單一的作品、報導或報告、或者提供小組連帶的獎賞。

9. **建立個別績效**：這個步驟的目的是在於力求增大每個組員的學習。每個組員的學習要能被評鑑，以便教師和其他組員可據以提供鼓勵和協助。

10. **建立組間合作**：透過組間合作達成全班學習目標，例如利用加分等獎賞鼓勵學生在完成本組工作後去協助其他組。

11. **解釋成功的規準**：合作學習的評鑑必須先是效標參照

的。所以，教師在每個課目開始前要清楚地告訴學生
將據以評鑑學生的規準有那些；然後，教師在全組、
組員的評鑑規準之外，也應設定全班的評鑑規準。

12.設定預期的行為：教師要操作性地定義「合作」，起
始的行為有如「和小組聚在一起，不要在教室內遊蕩」
等，進一步的預期行為有「解說找出解答的方法」等。

13.監視學生的行為：教師在這個步驟主要是要觀察作業
進行和合作中學生所遭遇的難題。也可以配合學生觀
察員來蒐集績效方面的資訊。

14.提供任務上的協助：教師在監視學生學習中，應依需
要澄清指示、複習重要程序、回答問題和教導工作技巧。

15.介入以教導合作技巧：當教師發現學生或小組欠缺必
要的合作技巧時，應介入其中教導更有效的合作和參
與技巧。

16.總結課目：教師在學生綜述所學及可資未來的運用之
後，要總結課目要點。方式可以要求學生複述、舉例
和回答問題。

17.評鑑學生學習的質與量：除了採效標參照制評鑑個別
學生的學習之外，也要了解全組和全班所獲致的成績。

18.評鑑小組的運作：評鑑小組成員的合作情形和擬訂改
進計畫。

19.建立學術的爭議：衝突是學習中固有的部分，例如成

員間意見的不一致或新觀念和舊經驗的牴觸。教師在
教導有合作學習經驗的學生時，可以善用爭議來提高
學生的參與動機。在作法上，可以循下列五階段：(1)
指定每四名學生為一組，每兩名學生為一對一，一對
扮演正方，一對扮演反方；(2)兩對陳述各自的立場；
(3)兩對進行辯論；(4)兩對互換角色再進行辯論；(5)全
組人員在立場上作成理性決定和得到共識，每個人都
能為決定和共識辯護。

結語

　　班級內的分組教學是適性教學的一種實施方法，主要在
透過小組成員間的互動及知識的交換以促進學習者的成就與
正向的人際關係，尤其是在團體凝聚力、小組成員的互相接
受關懷等情意學習目標的增進，更顯出分組教學的功效。

　　從近年來的研究文獻已可歸結，運用班級分組教學如合
作學習能使學習者的學業成績至少相當於甚或超越運用傳統
的大班級教學。因此，今後的研究應注重比較不同型式的班
級分組教學模式，而不再比較合作學習和大班級教學的差異。

　　採用最新班級分組方式的合作與學習時，教師在技術層
面上應做以下的總檢核：

1. 是否避免了小組中的學習活動只是一兩個人在做？
2. 學生是否真正瞭解關心和幫助班上其他同學學習的意義？
3. 如何避免表現優秀的同學貶低他人的貢獻？
4. 如何鼓勵不參與的同學改變成爲積極參與？
5. 小組的學習活動如何結構以促進所有成員的最高學習之獲得？
6. 教材和活動的選擇是否適當？
7. 是否製造機會和專家或同仁討論合作學習的技巧？

　　台灣的中小學教師目前所採用的教學法，仍是教師主導的大班級教學，合作學習可在教師改變課桌椅的安排下即可在原有的教室內實施。然而就現今台灣的中小學現狀而言，因過量的班級人數、狹小的教室空間、教材資源的缺乏，教師缺乏分組教學能力爲本位的訓練……等等，均阻礙了班級分組教學的應用比率。如何改進上述所提的問題以促進此種教學型式的實施，乃是當務之急。

參考文獻

王慧敏（民81）。合作學習法在英語教室的運用。警專學報，
　　第五期，289-317頁。
周立勳（民84）。小組獎勵對國中兒童分組表現的影響。嘉

義師院學報，9 期，175-222。

林佩旋（民 81）。臺灣省高級職業學校合作學習教學法實驗研究。國立台灣師範大學教育研究所碩士論文。

林美伶（民 87）。認知學徒合作學習法對國中生英語科學習成就表現、動機信念、學習策略之影響。國立臺灣師範大學教育心理與輔導研究所碩士論文。

張景媛（民 84）。國中生建構幾何概念之研究暨統整式合作學習的幾何教學策略效果之評估。國立台灣師範大學教育心理與輔導學系教育心理學報，28 期，99-144 頁。

賴春金、李隆盛（民 82）。合作學習的教學策略。中等教育，43 卷 4 期，頁 87～91。

Battistich. V., Solomon, D., Delucci, K. (1993, September). Interaction processes and student outcomes in cooperative learning groups. *The Elementary School Journal, 94*(1), 19-32.

Johnson, D. W., Maruyama, G., Johnson, R. J., Nelson, D., & Skon, L. (1981). Effects of cooperative, compititive, and individualistic goal structures on achievement : A meta analysis. *Psychology Bulletin, 89* (1), 47～62.

Johnson, D. W. Johnson, R.T. (1988). *Cooperation in the classroom* (rev. ed.). Edina, MN : Interaction.

Johnson, D.W. Johnson, R.T., & Holubec, E.J. (1990). *Circles of learning* : *Cooperation in the classroom* (3 rd ed.). Edina, MN：Interaction.

Loft, J. (1963). *Group processes* : *An introduction to group dynamics.* Palo Alto, Calif: National Press Books, 1970.

Maslow, A. (1966). H. *The psychology of science.* New York: Harper & Row.

Qin. Z. (1992). A meta analusis of the sffectiveness of achieving higher order learning tasks in cooperative learning. *Doctoral Dissertation.* University of Minnesota.

Ross, J. (1988). Improving social-environmental studies in problem solving through cooperative learning. *American Educadtional Research Journal. 25,* 573-591.

Slavin, R. E. (1980). Cooperative learning. *Review of Educational Research, 50* (2), 315～342.

Slavin, R. E. (1990). Comprehensive cooperative learning models：Embedding cooperative learning in the curriculum and the school. In sharan, S. (Ed.) *Cooperative learning: theory and research,* pp. 261～284.

Slavin, R. E. (1991). Synthesis of research on cooperative learning. *Educational Leadership, 48*(5), 71-82.

Webb, N. M. (1982). Student interaction and learning in small groups. *Review of Educational Research, 52*(3), 421-445.

國家圖書館出版品預行編目資料

認知教學：理論與策略／李咏吟著.--初版.
--臺北市：心理, 1998（民 87）
面；　公分.--（一般教育系列；41018）

ISBN 978-957-702-288-2（平裝）

1.教學法

521.4　　　　　　　　　　　87013324

一般教育系列 41018

認知教學：理論與策略

作　　者：李咏吟
總 編 輯：林敬堯
發 行 人：洪有義
出 版 者：心理出版社股份有限公司
地　　址：231 新北市新店區光明街 288 號 7 樓
電　　話：(02)29150566
傳　　真：(02)29152928
郵撥帳號：19293172　心理出版社股份有限公司
網　　址：http://www.psy.com.tw
電子信箱：psychoco@ms15.hinet.net
駐美代表：Lisa Wu（lisawu99@optonline.net）
印 刷 者：容大印刷有限公司
初版一刷：1998 年 10 月
初版五刷：2016 年 10 月
I S B N：978-957-702-288-2
定　　價：新台幣 300 元